Descubra Juegos Gratis Online

Disponibles Aquí:

BestActivityBooks.com/FREEGAMES

5 CONSEJOS PARA EMPEZAR

1) CÓMO RESOLVER LAS SOPA DE LETRAS

Los rompecabezas tienen un formato clásico:

- Las palabras se ocultan sin espacios ni guiones,...
- Orientación: Las palabras pueden escribirse hacia delante, hacia atrás, hacia arriba, hacia abajo o en diagonal (pueden estar invertidas).
- Las palabras pueden superponerse o cruzarse.

2) APRENDIZAJE ACTIVO

Junto a cada palabra hay un espacio para anotar la traducción. Para fomentar un aprendizaje activo, un **DICCIONARIO** al final de esta edición te permitirá comprobar y ampliar tus conocimientos. Busca y anota las traducciones, encuéntralas en el puzzle y añádelas a tu vocabulario!

3) MARCAR LAS PALABRAS

Puedes inventar tu propio sistema de marcado. ¿Quizás ya usas uno? También puedes, por ejemplo, marcar las palabras difíciles de encontrar con una cruz, las que te gustan con una estrella, las nuevas con un triángulo, las raras con un diamante, etc.

4) ESTRUCTURAR EL APRENDIZAJE

Esta edición ofrece un **CUADERNO DE NOTAS** muy práctico al final del libro. En vacaciones, de viaje o en casa, podrás organizar fácilmente tus nuevos conocimientos sin necesidad de un segundo cuaderno!

5) ¿HABÉIS TERMINADO TODAS LAS PARRILLAS?

En las últimas páginas de este libro, en la sección **DESAFÍO FINAL**, encontrarás un juego gratis!

¡Rápido y sencillo! Echa un vistazo a nuestra colección de libros de actividades para tu próximo momento de diversión y aprendizaje, ¡a sólo un clic de distancia!

Encuentre su próximo reto en:

BestActivityBooks.com/MiProximoLibro

En sus marcas, listos, ¡Ya!

¿Sabías que hay unas 7.000 lenguas diferentes en el mundo? Las palabras son preciosas.

Nos encantan los idiomas y hemos trabajado duro para crear libros de la más alta calidad para tí. ¿Nuestros ingredientes?

Una selección de temas adecuados para el aprendizaje, tres buenas porciones de entretenimiento, y luego añadimos una cucharada de palabras difíciles y una pizca de palabras raras. Los servimos con cariño y máxima diversión para que puedas resolver los mejores juegos de palabras y te diviertas aprendiendo!

Tu opinión es esencial. Puedes participar activamente en el éxito de este libro dejándonos un comentario. Nos encantaría saber qué es lo que más le ha gustado de esta edición.

Aquí hay un enlace rápido a tu página de pedidos:

BestBooksActivity.com/Opiniones50

Gracias por tu ayuda y diviértete!

Todo el equipo

1 - Ajedrez

게	관	공	법	퍼	림	캠	예	봉	사	즐	물	관	기
사	편	봉	투	게	공	활	핑	게	핑	편	사	이	림
수	관	수	뿜	가	편	법	포	임	구	편	시	농	서
토	너	먼	트	법	임	마	술	핑	다	가	뿜	시	퍼
규	렵	사	기	예	렵	춤	킹	독	예	심	활	독	챔
서	칙	여	식	플	퀸	시	활	포	재	가	전	활	피
기	동	여	진	레	식	왕	그	수	여	관	편	락	언
봉	농	공	즐	이	다	임	츠	동	수	영	낚	독	술
독	핑	그	서	어	봉	가	동	태	시	각	리	희	생
포	츠	투	기	츠	즐	퍼	서	관	춤	마	림	한	진
포	렵	즐	림	도	림	블	랙	하	얀	캠	가	법	킹
퍼	퍼	핑	야	이	그	가	휴	재	하	법	술	가	물
낚	캠	편	동	원	츠	서	스	진	대	상	예	휴	관
심	투	뿜	임	물	그	킹	그	이	회	대	각	선	투

하얀	블랙
챔피언	상대
대회	수동태
대각선	규칙
전략	희생
영리한	시각
게임	토너먼트
플레이어	

2 - Agua

기	가	편	포	대	호	심	습	관	렵	권	춤	예	심
구	편	파	도	양	수	관	기	게	렵	춤	식	증	발
츠	포	다	츠	예	원	개	권	사	여	관	샤	기	재
스	서	휴	원	활	낚	하	봉	공	춤	독	휴	워	투
여	강	하	간	재	봉	낚	서	예	활	게	뿜	춤	농
봉	휴	마	임	헐	운	하	비	가	편	농	다	그	공
사	렵	공	구	원	천	농	그	활	술	낚	도	동	심
포	물	공	얼	원	휴	하	재	술	핑	술	서	허	수
시	사	식	음	림	기	독	재	식	편	렵	포	리	편
즐	원	여	낚	물	시	동	다	스	재	렵	뿜	케	눈
재	렵	시	시	독	휴	마	렵	휴	봉	독	스	인	낚
다	심	야	심	수	술	캠	활	우	기	활	물	다	하
도	수	사	동	홍	수	기	가	사	핑	예	재	하	법
진	캠	퍼	스	가	즐	야	그	기	활	여	봉	공	술

운하	홍수
샤워	호수
증발	우기
간헐천	대양
서리	파도
얼음	관개
습기	증기
허리케인	

3 - Granja #2

임	식	림	핑	농	스	헛	공	벌	그	과	야	채	편
편	킹	핑	뿜	츠	부	간	이	집	시	포	수	원	렵
기	심	즐	농	동	포	즐	공	렵	술	권	시	원	술
원	진	술	농	심	술	스	여	가	렵	임	목	기	츠
킹	봉	원	공	재	여	동	물	낚	뿜	휴	초	이	오
서	밀	독	관	양	고	기	즐	재	권	여	지	관	리
음	식	임	라	마	우	독	봉	핑	원	관	재	개	원
사	야	춤	동	물	유	킹	낚	법	츠	야	임	봉	여
낚	춤	도	트	권	포	기	뿜	야	물	식	즐	사	휴
심	보	춤	가	랙	휴	다	식	다	게	술	그	목	동
기	리	이	투	그	터	낚	마	봉	림	공	활	자	핑
림	서	예	사	동	서	춤	관	투	공	물	술	옥	독
농	동	과	캠	물	공	구	여	봉	원	림	술	수	핑
수	그	일	뿜	도	독	권	권	공	이	휴	수	수	진

농부	우유
동물	라마
보리	옥수수
벌집	목자
음식	오리
양고기	목초지
과일	관개
헛간	트랙터
과수원	야채

4 - Mueble

그	킹	투	봉	안	락	의	자	림	독	임	술	즐	법
가	휴	킹	퍼	게	츠	하	자	기	동	술	킹	이	낚
도	렵	사	물	하	심	깔	선	그	관	캠	가	동	수
동	즐	뻠	물	여	베	개	반	즐	벤	매	예	구	렵
임	림	식	즐	독	진	구	독	관	치	도	트	이	원
공	츠	물	춤	하	거	임	춤	낚	편	원	리	이	이
수	시	해	낚	기	시	림	울	구	침	시	심	스	스
커	튼	먹	츠	재	뻠	식	그	재	대	뻠	뻠	램	프
퍼	사	휴	도	야	봉	시	이	시	서	책	장	야	식
낚	재	킹	가	렵	소	파	법	사	하	상	법	봉	시
도	포	킹	활	퍼	마	마	사	편	가	마	휴	포	그
원	이	관	물	야	관	낚	이	기	쁨	핑	가	낚	사
쿠	동	심	심	공	이	츠	임	쁨	임	진	재	법	식
션	즐	수	물	하	불	퍼	동	여	권	도	원	캠	봉

깔개
베개
벤치
침대
쿠션
매트리스
커튼
책상
거울

책장
선반
이불
해먹
램프
의자
안락의자
소파

5 - Pesca

야	투	물	퍼	이	여	술	수	강	권	게	대	계	절
캠	철	사	공	농	퍼	진	투	원	낚	야	스	양	스
핑	여	야	술	법	즐	휴	이	포	식	다	관	공	퍼
예	서	봉	진	가	공	춤	춤	임	무	핑	권	편	낚
지	서	즐	하	림	농	게	식	스	게	마	림	캠	휴
식	느	아	가	미	츠	해	캠	예	과	물	캠	식	봉
다	가	러	임	편	림	변	심	독	장	훅	즐	구	임
스	뽐	예	미	끼	법	활	진	림	비	시	핑	춤	렵
스	진	낚	식	포	서	하	예	물	동	재	동	시	술
낚	임	물	스	바	구	니	다	법	마	도	구	하	서
호	수	심	뽐	임	인	내	포	물	법	원	투	술	물
춤	야	핑	퍼	서	퍼	편	진	츠	물	재	여	가	렵
재	춤	휴	게	그	뽐	하	농	턱	배	수	편	관	게
가	사	뽐	마	법	캠	진	낚	활	렵	관	낚	하	포

지느러미	호수
아가미	대양
철사	인내
미끼	무게
바구니	해변
장비	계절
과장	

6 - Aviones

핑	물	편	권	하	그	킹	분	동	도	퍼	연	재	독
이	독	물	진	시	게	법	위	독	봉	춤	료	사	캠
휴	핑	편	야	구	렵	난	기	류	관	진	건	즐	권
공	하	늘	편	마	스	수	관	투	도	투	설	계	공
게	기	킹	편	엔	프	뽐	관	퍼	관	기	이	술	포
독	구	동	심	진	로	게	독	시	공	편	예	휴	시
동	렵	하	농	식	펠	승	시	객	츠	포	그	기	활
시	서	수	편	독	러	게	그	독	핑	그	스	임	마
가	편	공	고	도	낚	포	퍼	츠	착	다	조	심	농
예	키	사	이	물	서	술	식	물	룩	조	초	종	구
스	뽐	츠	식	사	게	림	동	게	핑	임	예	식	사
승	풍	선	물	렵	방	서	즐	즐	시	시	술	하	술
무	농	공	하	가	권	향	수	역	권	투	기	농	술
원	모	험	렵	진	뽐	식	소	원	사	권	여	이	렵

공기   풍선
고도   프로펠러
착륙   수소
분위기   역사
모험   엔진
하늘   승객
연료   조종사
건설   승무원
방향   난기류
설계

7 - Tipos de Cabello

킹	킹	심	게	기	캠	동	공	금	캠	킹	관	술	회
법	수	캠	관	재	킹	동	구	발	동	킹	마	농	색
물	권	공	예	포	핑	투	진	야	가	원	른	스	포
진	농	뺌	사	낚	심	블	랙	림	관	식	그	그	렵
짧	은	건	강	한	그	즐	임	편	진	진	그	다	심
농	하	가	농	시	캠	도	서	가	예	이	대	가	시
머	리	띠	재	포	뺌	술	서	꼰	뺌	휴	부	머	림
즐	심	림	휴	이	심	서	춤	이	구	즐	드	스	리
여	긴	뺌	퍼	춤	가	다	갈	수	가	기	러	곱	슬
하	편	하	포	관	구	관	식	색	다	포	운	구	원
두	꺼	운	봉	원	츠	농	낚	구	퍼	렵	진	시	시
진	퍼	독	빛	나	는	공	시	가	얇	은	예	휴	킹
하	농	사	권	킹	야	농	여	하	얀	관	관	이	핑
재	진	뺌	사	재	임	킹	핑	뺌	공	캠	도	임	퍼

하얀
빛나는
대머리
짧은
얇은
회색
두꺼운
갈색

블랙
곱슬
금발
건강한
마른
부드러운
머리띠

8 - Ciencia Ficción

렵	활	퍼	환	대	사	폭	사	식	임	츠	식	그	권
핑	그	사	상	세	본	발	관	서	낚	츠	기	재	재
예	야	게	적	계	은	유	하	임	여	마	환	시	낚
신	비	한	인	사	하	토	식	렵	여	기	림	상	행
원	심	킹	오	리	클	피	먼	게	공	술	가	심	성
수	스	기	술	여	수	아	재	봉	렵	예	시	사	편
원	공	여	춤	시	이	독	즐	술	춤	낚	서	로	봇
도	포	불	공	수	츠	퍼	상	마	킹	사	식	핑	진
퍼	식	춤	독	관	봉	이	상	진	농	캠	킹	공	농
낚	동	포	식	독	독	즐	의	원	물	책	츠	심	가
영	화	퍼	여	가	물	퍼	도	자	활	여	핑	야	여
사	공	다	킹	재	포	림	재	동	법	다	사	즐	뿜
퍼	미	법	독	캠	관	공	재	심	퍼	캠	야	수	포
농	포	래	캠	포	핑	소	설	캠	즐	술	독	재	심

원자	신비한
영화	세계
대본	소설
폭발	오라클
환상적인	행성
미래	로봇
은하	기술
환상	유토피아
상상의	

9 - Juguetes

캠	핑	낚	식	하	편	이	임	식	술	비	야	원	수
진	야	공	활	도	야	퍼	즐	야	게	렵	행	츠	법
가	도	예	이	권	권	재	마	독	임	진	재	기	차
그	법	관	마	게	그	공	수	춤	이	편	킹	물	츠
서	낚	법	낚	술	수	원	낚	그	퍼	퍼	인	다	여
좋	아	하	는	렵	편	원	야	퍼	뿜	법	동	형	렵
차	뿜	진	퍼	렵	핑	활	서	임	핑	재	포	핑	임
기	다	그	술	하	그	심	투	독	스	임	핑	재	야
야	사	로	식	뿜	체	스	구	포	관	법	농	마	하
원	연	봇	임	물	트	드	수	진	야	공	심	예	봉
하	렵	핑	관	투	럭	럼	자	전	거	상	상	력	뿜
심	농	휴	물	이	이	점	토	공	스	스	게	킹	공
농	임	츠	책	도	배	캠	캠	수	활	수	임	권	뿜
예	권	도	퍼	퍼	도	술	캠	즐	이	농	게	다	진

체스	상상력
점토	게임
공예	인형
비행기	로봇
자전거	퍼즐
트럭	드럼
좋아하는	기차

10 - Circo

사	술	물	기	복	수	춤	마	가	풍	즐	요	술	하
법	자	활	하	장	낚	휴	술	다	선	마	술	사	재
편	술	게	심	봉	음	악	사	원	권	법	쟁	시	호
포	다	사	재	심	시	사	탕	츠	가	공	이	사	랑
구	림	게	동	물	코	끼	리	캠	퍼	투	원	숭	이
수	경	구	이	하	즐	재	하	사	캠	즐	그	봉	퍼
게	기	꾼	게	핑	시	수	뿜	독	시	가	춤	스	심
퍼	술	게	사	진	심	권	임	핑	야	공	투	하	심
진	진	렵	예	스	관	게	이	가	시	마	활	서	동
텐	하	공	편	공	물	이	예	뿜	게	뿜	도	낚	츠
편	트	공	서	도	도	구	농	캠	공	스	심	수	물
시	릭	심	예	활	구	림	퍼	구	투	농	여	활	법
다	이	권	관	독	활	퍼	곡	예	사	마	식	춤	식
도	사	예	재	다	춤	이	캠	봉	활	표	도	독	법

곡예사 마법
동물 마술사
사탕 요술쟁이
텐트 원숭이
코끼리 음악
구경꾼 호랑이
풍선 복장
사자 트릭

11 - Rellenar

꽃	병	게	야	포	진	튜	브	권	도	통	예	캠	포
춤	독	심	심	물	동	마	마	투	수	이	원	봉	수
게	예	그	렵	술	동	공	관	이	물	기	임	관	게
폴	관	진	스	츠	뿜	병	진	서	공	여	판	마	가
가	더	야	게	림	림	예	휴	수	심	림	지	뿜	방
가	심	휴	가	동	바	구	니	서	식	사	농	식	게
퍼	킹	공	관	가	편	상	진	임	진	핑	기	동	쟁
츠	서	스	그	봉	낚	자	즐	킹	포	재	그	츠	반
시	도	관	기	항	아	리	포	투	독	법	휴	하	임
서	야	물	시	술	수	서	낚	다	진	츠	관	야	식
랍	여	시	시	투	원	임	여	관	츠	식	원	포	켓
시	행	사	핑	투	관	봉	기	렵	도	하	진	마	농
예	가	술	그	관	림	버	투	분	퍼	봉	투	활	봉
게	방	진	편	퍼	패	킷	다	지	여	킹	이	야	렵

쟁반   버킷
가방   분지
포켓   꽃병
상자   여행 가방
서랍   패킷
폴더   봉투
판지   항아리
바구니   튜브

12 - Granja #1

물	킹	킹	관	뱀	츠	휴	원	킹	가	물	야	여	진
술	권	수	술	도	동	뱀	킹	동	게	권	공	야	하
식	기	땅	염	기	이	사	울	타	리	휴	식	뱀	원
여	가	구	소	서	건	초	사	재	사	낚	킹	예	수
들	진	물	편	다	게	마	마	수	편	도	관	임	휴
진	다	기	즐	게	가	독	봉	투	개	즐	츠	예	송
시	이	원	법	기	캠	기	동	림	즐	킹	시	뱀	아
핑	구	원	말	편	임	춤	예	원	춤	춤	사	춤	지
벌	독	권	스	심	마	농	업	기	까	휴	림	츠	활
게	원	봉	재	캠	서	게	시	구	퍼	마	쌀	편	동
비	료	공	진	여	꿀	관	휴	그	휴	포	귀	동	춤
닭	포	관	구	도	봉	기	캠	캠	그	고	당	나	귀
기	재	핑	즐	다	기	편	예	씨	심	양	캠	투	원
서	독	즐	스	임	농	춤	야	앗	게	이	스	활	다

농업	고양이
당나귀	건초
염소	씨앗
까마귀	송아지
비료	울타리

13 - Camping

수	지	캐	농	편	자	킹	나	무	그	캠	활	야	캠
밧	도	빈	장	비	농	연	침	해	먹	심	뺌	봉	동
줄	수	렵	마	원	봉	농	반	농	임	다	심	핑	게
뺌	동	가	사	봉	휴	이	달	권	편	이	가	관	봉
권	서	림	사	원	예	여	편	재	산	기	춤	핑	가
여	도	휴	도	술	농	포	임	퍼	법	그	진	야	이
기	물	게	마	법	독	곤	이	핑	관	마	다	시	구
모	험	기	하	호	포	충	사	관	캠	수	하	동	시
자	렵	즐	림	수	권	서	핑	텐	동	포	뺌	원	낚
봉	가	진	예	기	숲	동	뺌	트	시	심	서	원	도
서	동	임	권	봉	예	게	물	그	휴	활	편	하	츠
스	투	식	림	다	수	퍼	렵	포	서	봉	식	하	이
서	심	공	야	여	권	원	권	카	법	독	식	하	농
뺌	도	하	낚	심	임	불	독	누	이	뺌	야	술	심

동물
모험
나무
나침반
캐빈
카누
텐트
수렵

밧줄
장비
해먹
곤충
호수
지도
자연
모자

14 - Fruta

살	동	게	심	마	퍼	파	천	렵	퍼	예	진	관	재
이	구	아	바	공	낚	인	심	도	서	림	농	서	다
심	킹	보	망	고	예	애	파	퍼	복	가	림	진	야
이	사	카	포	마	포	플	파	투	수	숭	다	구	야
멜	물	도	식	포	코	뺌	야	킹	공	야	아	포	도
론	하	동	배	오	츠	코	츠	편	편	시	활	수	춤
서	도	서	동	렌	도	식	넛	재	스	시	마	바	이
라	물	체	리	지	춤	포	사	봉	레	몬	퍼	나	가
즈	권	공	휴	다	다	재	임	그	서	활	포	나	투
베	리	퍼	가	마	스	진	야	시	츠	렵	활	핑	스
리	키	위	공	술	진	봉	야	활	여	기	휴	즐	핑
게	사	휴	예	권	재	그	동	식	투	게	포	재	권
수	원	법	기	봉	공	권	핑	농	포	관	시	사	퍼
독	사	과	복	숭	아	그	임	게	투	편	킹	사	포

아보카도	사과
살구	복숭아
베리	멜론
체리	오렌지
코코넛	천도 복숭아
라즈베리	파파야
구아바	파인애플
키위	바나나
레몬	포도
망고	

15 - Geología

지	화	사	시	핑	마	구	구	구	뽐	서	층	츠	다
진	산	법	공	마	낚	예	여	게	춤	고	원	대	륙
휴	봉	마	원	게	활	식	게	종	봉	하	휴	여	즐
소	금	투	뽐	봉	시	진	핑	유	다	진	재	휴	여
가	휴	편	스	수	동	휴	낚	석	임	숙	탄	임	가
구	권	츠	마	공	독	예	심	투	간	심	산	호	킹
그	여	동	즐	다	돌	석	순	마	헐	심	수	게	그
투	핑	굴	동	휴	여	림	농	츠	천	산	식	마	림
원	핑	휴	낚	야	임	서	림	포	야	화	즐	렵	가
예	크	리	스	탈	편	야	렵	기	캠	원	석	재	활
핑	원	편	츠	시	사	농	시	스	렵	야	사	춤	임
재	킹	재	식	재	칼	숨	봉	관	뽐	이	독	그	뽐
용	동	부	식	퍼	석	영	진	임	서	하	재	임	활
가	암	휴	동	캠	수	기	뽐	캠	수	여	도	권	게

칼슘
동굴
대륙
산호
크리스탈
석영
부식
종유석
석순

화석
간헐천
용암
고원
탄산수
소금
지진
화산

16 - Plantas

캠	술	대	물	뿌	활	사	도	플	원	진	편	정	뺌
초	목	나	콩	리	핑	법	투	로	편	나	무	원	농
술	활	무	기	원	서	게	여	라	원	퍼	그	그	시
춤	뺌	서	공	식	심	스	투	원	스	츠	림	렵	마
렵	재	원	춤	법	낚	진	잎	야	춤	킹	기	심
원	림	렵	식	여	츠	구	도	농	독	마	이	춤	공
물	퍼	재	춤	핑	구	임	포	퍼	활	법	동	베	관
진	춤	식	림	스	공	다	아	진	심	잔	야	리	캠
사	독	편	사	꽃	편	도	서	이	끼	포	디	부	시
관	비	캠	공	잎	수	선	인	장	비	태	도	활	원
독	료	낚	심	식	야	렵	원	편	가	양	수	권	춤
춤	즐	낚	낚	물	법	캠	식	서	휴	관	가	봉	편
진	하	즐	뺌	학	수	물	스	퍼	림	림	편	스	시
마	그	봉	투	게	예	여	하	권	동	숲	즐	게	마

부시	아이비
나무	잔디
대나무	정원
베리	이끼
식물학	꽃잎
선인장	뿌리
비료	태양
플로라	초목

17 - Suministros de Arte

예	진	퍼	브	술	마	재	포	서	그	츠	색	편	점
야	도	공	그	러	법	독	식	동	동	가	구	상	토
춤	봉	그	의	자	쉬	표	기	렵	렵	카	메	라	술
즐	서	물	식	파	스	텔	름	접	휴	낚	투	가	예
킹	게	야	사	캠	아	쁨	여	착	캠	게	사	마	예
권	연	필	권	투	크	봉	서	제	진	시	편	츠	핑
수	채	화	춤	물	릴	임	동	봉	편	쁨	춤	구	낚
캠	사	가	사	림	춤	기	물	지	하	퍼	휴	렵	권
포	마	서	식	여	아	투	활	우	림	식	핑	원	원
핑	물	창	시	종	이	활	스	개	캠	심	핑	가	렵
캠	법	그	의	사	디	퍼	예	춤	농	휴	잉	예	물
독	게	진	독	성	어	킹	캠	투	퍼	공	크	렵	심
다	낚	춤	마	즐	편	물	편	기	관	이	숯	물	마
여	시	임	캠	킹	구	사	포	킹	공	법	포	포	여

기름	창의성
아크릴	아이디어
수채화	연필
점토	종이
지우개	파스텔
화가	접착제
카메라	의자
브러쉬	잉크
색상	

18 - Jardín

활	법	현	과	진	나	벤	울	법	구	편	핑	시	농
킹	술	관	원	수	무	치	타	캠	부	시	예	기	사
원	다	다	호	정	원	츠	리	킹	다	공	관	마	퍼
게	투	그	스	식	캠	관	공	술	시	편	토	양	즐
가	동	할	킹	낚	마	기	원	활	사	도	삽	편	원
관	테	기	트	원	낚	즐	활	사	임	활	임	임	도
기	라	연	못	램	춤	원	임	공	물	구	게	독	휴
권	스	다	그	춤	폴	가	가	예	마	원	공	법	킹
사	편	공	투	잔	디	린	구	시	해	활	여	여	재
재	차	고	임	바	위	그	렵	꽃	먹	심	동	야	투
낚	임	그	술	퍼	원	술	그	마	농	잡	예	마	다
도	림	수	서	봉	도	춤	법	서	게	원	초	이	낚
게	수	진	공	예	갈	퀴	도	기	이	투	킹	식	봉
식	츠	렵	관	퍼	도	렵	투	봉	즐	쁨	임	기	림

부시
나무
벤치
연못
차고
해먹
잔디
과수원
정원

잡초
호스
현관
갈퀴
바위
토양
테라스
트램폴린
울타리

19 - Países #2

그	물	그	야	낚	우	캠	법	하	권	관	재	공	예
알	바	니	아	재	간	가	자	관	술	물	식	술	재
심	투	여	림	멕	다	림	메	다	포	춤	킹	여	낚
이	게	그	편	시	리	아	이	여	다	퍼	게	게	술
권	식	스	여	코	독	법	카	술	활	핑	술	가	물
인	도	네	시	아	포	르	투	갈	물	춤	여	도	수
술	핑	우	크	라	이	나	덴	즐	공	쁨	야	기	포
야	원	캠	야	에	기	식	마	그	심	시	물	게	쁨
도	포	물	임	공	티	원	크	포	즐	포	식	사	권
심	퍼	핑	춤	마	여	오	스	트	리	아	킹	츠	시
기	봉	이	림	수	단	그	피	예	편	일	본	포	농
프	호	캠	하	즐	하	리	물	아	임	랜	휴	술	여
다	랑	주	심	동	농	스	다	공	스	드	도	마	투
파	키	스	탄	즐	러	시	아	라	오	스	사	야	독

알바니아	일본
호주	라오스
오스트리아	멕시코
덴마크	파키스탄
에티오피아	포르투갈
프랑스	러시아
그리스	시리아
인도네시아	수단
아일랜드	우크라이나
자메이카	우간다

20 - Tecnología

렵	시	동	공	원	투	권	시	츠	권	독	하	인	스
게	사	농	게	파	투	물	술	봉	츠	림	컴	터	이
공	캠	쁨	캠	일	연	임	물	재	가	진	퓨	넷	바
림	재	독	편	가	구	커	서	시	식	권	터	스	이
게	사	동	예	야	림	핑	렵	킹	시	물	진	소	리
사	글	브	라	우	저	여	기	블	휴	활	데	프	스
시	수	꼴	야	권	사	가	춤	로	임	바	이	트	즐
디	원	사	독	가	화	면	상	그	독	식	터	웨	퍼
지	퍼	투	퍼	춤	하	메	시	지	동	낚	핑	어	투
털	야	춤	관	캠	활	낚	수	핑	즐	가	활	물	캠
츠	재	하	봉	편	쁨	낚	관	포	진	쁨	식	구	편
재	카	여	여	투	동	보	안	원	구	핑	하	식	시
퍼	핑	메	도	쁨	봉	게	식	임	술	예	야	통	야
물	술	마	라	구	술	동	그	서	하	도	서	계	법

파일	연구
블로그	메시지
바이트	브라우저
카메라	컴퓨터
커서	화면
데이터	보안
디지털	소프트웨어
통계	가상
글꼴	바이러스
인터넷	

21 - Números

권	투	가	술	렵	술	여	농	캠	그	예	여	두	동
법	투	봉	수	휴	농	농	기	일	곱	다	마	농	도
열	아	홉	열	셋	구	그	서	퍼	물	임	권	재	편
다	삼	핑	수	구	낚	진	독	도	핑	게	진	그	기
섯	십	팔	독	퍼	스	휴	법	도	킹	야	술	투	물
림	법	편	캠	서	원	진	수	낚	즐	진	여	뽐	야
낚	춤	임	스	림	식	휴	관	여	게	야	야	농	구
춤	뽐	야	봉	예	츠	여	렵	뽐	춤	뽐	렵	봉	술
하	심	농	공	게	시	섯	영	포	관	농	핑	캠	캠
시	그	여	시	십	캠	임	춤	포	킹	즐	시	마	재
식	관	재	덟	진	그	마	활	림	가	휴	춤	뽐	다
법	아	핑	즐	수	식	독	핑	법	게	림	포	다	식
구	홉	열	일	곱	스	물	킹	춤	진	구	마	섯	포
가	가	두	농	도	틴	츠	춤	렵	스	십	사	심	이

십사
다섯
십진수
열아홉
십팔
식스틴
열일곱
열두

아홉
여덟
열 다섯
여섯
일곱
열셋
스물

22 - Mitología

봉	활	봉	킹	재	해	불	캠	림	임	번	미	복	수
천	둥	포	기	봉	술	사	물	사	핑	개	궁	생	물
국	관	관	문	화	창	조	공	그	원	수	즐	권	핑
공	식	도	예	핑	행	힘	포	공	전	사	하	림	츠
식	활	물	가	츠	어	동	원	고	설	렵	어	원	형
관	투	시	농	편	뿜	법	구	물	물	야	가	서	신
스	포	영	권	퍼	법	투	물	춤	다	마	그	캠	념
림	뿜	캠	웅	구	야	하	도	활	투	임	림	도	권
포	뿜	물	그	권	퍼	관	핑	춤	농	춤	마	스	렵
가	봉	시	여	츠	사	공	렵	식	술	술	동	시	봉
가	휴	술	신	이	포	서	퍼	수	다	술	동	스	낚
투	사	서	야	사	캠	농	진	시	식	휴	독	퍼	봉
가	츠	포	권	구	가	림	진	사	질	투	수	츠	뿜
도	퍼	낚	봉	진	편	캠	임	춤	권	캠	독	시	투

형   사
원 투   전 웅
질   영
천 국   불 사
행 동   미 궁
창 조   전 설
신 념   괴 물
생 물   번 개
문 화   천 둥
재 해   복 수

23 - Ecología

봉	시	낚	농	투	생	가	플	이	자	연	다	공	종
춤	림	즐	수	낚	야	존	로	츠	원	핑	물	하	류
마	커	편	이	시	다	투	라	춤	츠	서	낚	즐	활
편	뮤	쁨	쁨	공	공	권	봉	임	렵	술	독	사	독
초	니	봉	수	술	츠	진	서	춤	술	휴	스	진	법
목	티	다	낚	투	스	술	림	가	봉	물	공	공	동
퍼	습	지	동	식	다	양	성	품	농	하	임	농	구
서	야	속	여	시	기	법	활	공	물	법	심	즐	봉
핑	술	가	공	재	스	심	휴	캠	야	동	자	권	진
즐	이	능	권	포	기	글	로	벌	서	물	연	선	스
봉	츠	한	심	스	농	후	츠	기	식	군	스	마	박
다	수	킹	술	편	관	구	휴	물	지	산	러	임	술
사	기	공	편	스	낚	식	물	츠	스	농	운	야	마
렵	진	춤	킹	기	퍼	다	포	야	게	투	술	재	마

기후
커뮤니티
다양성
동물군
플로라
글로벌
서식지
선박
자연스러운

자연
습지
식물
자원
가뭄
지속 가능한
생존
종류
초목

24 - Herramientas

농	식	예	핑	망	이	물	여	도	접	착	제	게	심
심	서	술	편	토	치	킹	투	봉	끼	호	삽	공	식
관	활	농	스	여	휴	식	법	케	물	치	퍼	가	포
낚	재	그	스	술	밧	스	테	이	플	키	스	위	포
편	캠	시	쁨	휠	줄	술	투	블	물	스	심	공	식
시	다	활	투	쁨	관	하	심	가	도	이	렵	킹	휴
활	봉	렵	임	술	낚	재	봉	가	예	심	핑	림	독
심	권	관	도	기	펜	활	수	물	퍼	야	마	사	이
물	공	서	면	그	치	핑	휴	편	나	사	다	리	쁨
봉	기	임	도	식	권	다	관	마	야	칼	진	림	재
그	다	법	기	독	게	서	이	사	그	춤	물	독	시
야	수	즐	식	림	킹	킹	춤	핑	진	수	춤	킹	퍼
동	투	권	식	킹	권	기	서	물	진	활	수	렵	여
활	도	퍼	낚	법	진	핑	쁨	퍼	서	수	이	하	쁨

펜치   도끼
토치   망치
케이블   면도기
밧줄   접착제
사다리   가위
스테이플   나사
호치키스

25 - Casa

렵	공	재	뺌	물	마	사	츠	재	심	술	공	캠	재
휴	편	림	술	다	사	즐	캠	사	정	렵	렵	난	재
수	도	꼭	지	거	야	문	사	핑	램	원	다	로	관
낚	포	권	림	울	원	사	진	가	기	프	울	타	리
관	진	동	심	하	마	츠	독	하	재	동	사	예	물
침	깔	그	킹	독	차	편	이	퍼	기	다	봉	애	틱
실	개	봉	동	편	고	이	예	임	마	활	투	예	관
동	예	동	동	도	포	구	낚	춤	이	권	투	핑	최
사	심	원	법	투	킹	봉	다	심	재	게	렵	비	하
스	샤	게	식	가	식	식	캠	이	서	사	물	이	부
바	워	즐	렵	편	휴	물	포	마	포	캠	관	야	엌
닥	창	독	다	투	캠	퍼	킹	관	기	수	지	벽	봉
퍼	원	기	춤	즐	심	마	구	즐	수	다	권	붕	권
도	서	관	스	술	츠	캠	그	법	하	렵	킹	여	수

깔개	차고
애틱	수도꼭지
도서관	정원
난로	램프
부엌	바닥
침실	최하부
샤워	지붕
거울	울타리

26 - Artes Visuales

원	뺌	포	연	필	름	걸	구	야	심	춤	임	서	심
시	식	공	사	예	마	농	작	진	가	구	가	포	도
서	사	구	다	마	렵	사	봉	재	활	재	조	서	기
공	시	구	도	기	관	물	예	사	법	관	임	각	밀
퍼	퍼	구	활	심	투	츠	즐	법	심	농	편	다	랍
구	야	재	스	점	토	구	술	시	투	심	하	구	진
스	권	예	물	관	물	건	시	캠	즐	수	스	편	사
스	사	봉	춤	예	게	축	휴	원	여	예	독	가	뺌
텐	이	가	농	분	낚	학	원	구	하	사	다	초	사
실	그	바	활	필	휴	창	의	성	임	낚	권	상	휴
심	킹	진	니	캠	관	사	숯	마	재	캠	츠	화	가
시	마	퍼	공	시	서	임	술	봉	핑	투	하	츠	편
캠	관	점	편	물	활	포	재	심	야	동	봉	마	핑
봉	공	물	이	츠	투	공	예	술	가	펜	사	진	공

점토	조각
건축학	사진
예술가	연필
바니시	걸작
화가	필름
밀랍	관점
도기	스텐실
구성	초상화
창의성	분필

27 - Escuela #2

공	심	서	술	즐	권	물	여	게	책	포	그	편	퍼
가	스	다	원	게	임	다	퍼	여	사	진	달	츠	재
관	게	관	사	도	물	사	공	농	연	기	력	교	육
사	수	여	스	퍼	수	과	술	문	필	독	컴	마	가
구	전	도	시	친	구	학	버	법	투	서	퓨	임	즐
마	가	서	지	우	개	기	수	스	편	렵	터	옷	츠
킹	투	관	그	마	농	임	여	림	캠	관	식	편	편
가	캠	춤	렵	낚	림	관	춤	투	마	심	구	림	즐
독	야	식	식	활	핑	하	기	쁨	재	투	구	편	춤
문	학	배	낭	권	물	법	편	법	봉	시	물	수	이
춤	포	투	독	수	물	춤	가	위	술	렵	그	휴	즐
하	진	휴	관	춤	츠	심	관	심	원	춤	임	게	마
다	투	종	관	식	가	원	그	가	기	춤	도	그	이
시	쁨	이	관	그	츠	심	원	낚	농	퍼	춤	쁨	수

친구	게임
버스	연필
도서관	독서
지우개	문학
달력	수학
과학	배낭
사전	컴퓨터
교육	종이
문법	가위

28 - Selva Tropical

하	하	보	존	사	법	서	임	기	게	물	게	커	재
수	활	포	귀	중	한	뽐	활	퍼	이	휴	관	뮤	진
농	생	존	서	조	스	임	스	편	끼	스	편	니	서
게	츠	복	포	유	류	식	물	킹	구	야	식	티	기
제	예	구	곤	재	동	도	렵	술	다	스	그	원	심
핑	뽐	름	충	야	춤	원	법	임	그	물	시	즐	킹
심	게	여	원	수	가	사	예	핑	활	임	림	투	렵
가	진	예	스	사	이	시	편	양	렵	핑	킹	독	핑
관	퍼	게	시	술	사	여	기	서	야	츠	관	뽐	수
공	공	킹	핑	편	다	수	시	류	구	캠	기	물	술
재	사	예	권	포	양	사	권	기	편	캠	물	츠	봉
기	낚	가	독	술	성	서	서	시	핑	낚	캠	공	하
밀	기	후	뽐	다	법	춤	피	난	수	동	식	림	스
활	림	렵	퍼	동	여	사	활	구	종	핑	자	연	즐

양서류
식물
기후
커뮤니티
다양성
곤충
포유류
이끼
자연

구름
조류
보존
피난
존중
복구
밀림
생존
귀중한

29 - Colores

재	진	다	술	베	식	스	세	피	아	춤	오	가	뺌
활	캠	야	동	이	춤	관	마	진	그	이	활	렌	사
공	하	블	루	지	재	투	이	이	캠	춤	여	편	지
스	수	늘	진	동	독	활	마	권	심	노	란	색	농
예	구	환	빗	뺌	낚	공	독	동	스	도	동	림	츠
남	빛	편	구	퍼	봉	동	킹	가	식	다	동	게	시
독	이	다	물	바	관	다	뺌	낚	관	구	가	공	공
하	얀	봉	춤	이	림	동	킹	갈	색	심	사	원	여
낚	보	분	홍	올	예	캠	시	여	기	야	춤	예	츠
재	라	여	빨	렛	자	물	포	블	랙	독	진	여	도
회	색	심	사	간	홍	가	법	편	법	퍼	임	낚	구
서	녹	즐	뺌	재	색	농	원	공	츠	마	심	시	낚
마	색	활	하	게	봉	술	렵	뺌	렵	젠	킹	안	츠
물	포	이	동	스	투	뺌	즐	법	법	타	원	여	투

노란색	갈색
블루	오렌지
하늘빛	블랙
베이지	보라색
하얀	빨간색
시안	분홍
자홍색	세피아
회색	녹색
남빛	바이올렛
마젠타	

30 - Adjetivos #1

핑	하	시	하	투	뽐	식	뽐	공	봉	서	림	휴	구
츠	시	구	즐	도	현	사	활	뽐	매	독	낚	서	마
동	술	낚	여	관	대	한	원	동	력	어	운	큰	동
기	무	거	운	독	순	거	포	가	적	도	농	캠	순
정	직	한	대	임	진	창	임	가	인	인	권	캠	수
츠	여	공	심	한	한	한	임	독	핑	캠	공	동	한
다	귀	중	한	동	투	렵	도	물	심	각	한	중	요
휴	농	캠	술	어	느	시	재	도	포	야	편	재	야
방	원	퍼	물	진	린	물	포	독	진	공	재	야	물
향	도	사	공	활	뽐	즐	술	다	여	가	이	이	심
족	렵	포	활	퍼	동	그	츠	이	이	재	물	림	재
림	관	마	밝	은	심	포	기	춤	춤	마	식	서	휴
완	벽	한	물	춤	동	하	재	재	시	낚	춤	예	쁨
스	동	림	림	물	진	봉	기	퍼	편	원	공	가	쁨

순수한	순진한
활동적인	어린
거창한	느린
방향족	현대
매력적인	어두운
밝은	완벽한
거대한	무거운
관대 한	심각한
정직한	귀중한
중요	

31 - Familia

아	츠	농	활	재	봉	독	가	아	퍼	서	손	뽐	예
구	내	기	예	동	딸	게	편	버	동	다	자	퍼	삼
농	동	휴	식	서	봉	츠	농	지	사	기	렵	사	촌
가	활	휴	공	가	조	카	기	핑	권	독	예	포	도
심	다	식	심	뽐	카	투	여	권	핑	심	식	즐	자
모	어	린	시	절	딸	포	시	원	아	이	핑	활	매
포	성	이	모	림	원	예	이	기	야	츠	어	머	니
투	그	진	할	관	도	하	그	도	농	관	식	권	편
게	권	농	머	퍼	하	예	원	핑	이	킹	관	활	권
츠	그	진	니	다	도	렵	남	야	마	퍼	편	야	진
어	다	예	게	술	구	선	봉	편	여	공	림	기	술
린	킹	편	동	법	기	조	형	할	아	버	지	봉	즐
이	원	게	렵	춤	사	다	가	농	하	사	캠	구	법
법	동	도	이	다	동	물	심	가	야	야	관	임	농

할머니	손자
할아버지	아이
선조	어린이
아내	아버지
자매	사촌
어린 시절	조카딸
어머니	조카
남편	이모
모성	삼촌

32 - Disciplinas Científicas

서	가	활	법	기	관	게	재	농	진	킹	하	진	즐
심	농	사	킹	포	기	광	렵	농	하	이	동	재	심
독	리	역	퍼	열	상	물	천	물	도	임	물	춤	진
지	질	학	면	역	학	학	다	문	생	태	학	편	농
핑	투	언	어	학	심	독	신	경	학	포	심	스	포
동	그	투	투	킹	사	그	투	즐	캠	기	식	술	편
생	식	즐	술	봉	권	농	공	그	식	다	수	포	뜸
기	물	고	고	학	권	동	진	활	투	예	사	하	생
원	학	학	편	휴	렵	캠	그	원	여	법	렵	퍼	리
킹	기	하	식	구	야	물	즐	이	하	그	뜸	예	학
퍼	사	회	학	재	진	권	예	캠	퍼	뜸	시	낚	물
시	캠	술	야	림	킹	킹	물	투	시	수	다	즐	하
즐	예	마	편	생	화	학	공	활	즐	재	기	즐	해
하	투	킹	관	가	학	퍼	활	예	물	스	림	포	부

해부	언어학
고고학	역학
천문학	기상학
생물학	광물학
생화학	신경학
식물학	심리학
생태학	화학
생리학	사회학
지질학	열역학
면역학	동물학

33 - Cocina

냉	주	핑	휴	예	향	렵	수	숨	가	락	포	크	기
장	전	사	시	술	신	원	술	수	법	휴	수	독	그
고	자	공	임	핑	료	앞	캠	즐	예	가	스	편	지
농	관	투	재	퍼	마	치	마	동	재	예	렵	봉	시
야	사	투	임	독	야	마	이	구	공	음	츠	편	스
심	관	즐	국	가	투	킹	심	쁨	기	식	사	투	퍼
술	마	예	자	휴	진	그	편	사	마	마	쁨	독	원
그	릇	스	수	봉	봉	항	아	리	림	재	마	그	투
릴	이	춤	봉	그	스	오	재	투	낚	냉	동	고	그
여	물	킹	술	게	식	븐	그	수	림	편	동	수	야
서	투	임	공	투	진	컵	스	핑	레	칼	기	물	예
쁨	냅	킨	임	권	농	캠	서	쁨	물	시	수	권	낚
하	젓	가	락	농	임	공	동	하	임	게	피	도	마
기	사	사	포	킹	즐	봉	관	수	가	포	활	게	권

음식
냉동고
숟가락
국자
앞치마
향신료
스펀지
오븐
주전자

젓가락
그릴
레시피
냉장고
냅킨
항아리
그릇
포크

34 - Escuela #1

구 하 낚 렵 림 여 하 즐 기 여 편 원 포 심
그 원 기 편 포 도 서 관 임 휴 림 법 마 커
원 휴 봉 술 림 다 사 투 휴 공 사 폴 더 공
휴 심 퍼 마 스 선 생 님 수 재 낚 마 포 퍼
수 즐 원 다 물 그 임 림 수 피 수 휴 농 술
책 상 휴 포 즐 즐 게 마 퍼 학 공 편 하 봉
츠 권 구 활 야 권 사 활 알 사 점 친 구 도
숫 교 여 구 수 활 투 편 파 마 심 림 휴 재
자 실 활 물 시 험 핑 식 벳 다 뿜 예 권 활
낚 그 재 미 구 편 편 펜 예 가 기 책 임 퍼
독 농 종 서 법 마 하 농 렵 퍼 원 도 춤 그
즐 연 이 여 퀴 의 자 봉 편 야 춤 동 원 포
물 필 활 임 즈 그 림 여 야 구 여 답 재 이
야 캠 츠 하 구 그 가 캠 이 편 독 농 변 활

알파벳	시험
점심	연필
친구	마커
교실	수학
도서관	숫자
폴더	종이
재미	선생님
책상	답변
퀴즈	의자

35 - Adjetivos #2

공	투	야	진	책	하	킹	신	다	술	이	활	사	사
강	휴	스	식	술	임	임	선	다	짠	춤	공	권	다
한	도	예	창	조	적	권	한	렵	원	농	구	시	도
포	다	야	게	포	식	편	츠	마	술	관	야	퍼	동
술	사	츠	독	서	용	사	동	편	재	츠	기	농	츠
재	뽐	농	캠	캠	즐	도	농	림	편	기	피	자	낚
자	랑	스	러	운	생	관	공	기	휴	춤	연	매	킹
건	핑	마	법	여	산	그	시	마	춤	피	스	운	뽐
임	강	게	원	핑	적	다	뽐	임	농	곤	스	물	킹
게	림	한	예	동	인	다	활	핑	새	한	러	극	봉
임	유	퍼	킹	투	동	진	흥	미	로	운	운	적	봉
설	명	우	아	한	재	하	예	물	운	마	츠	인	시
농	한	하	수	게	정	상	기	림	농	마	른	마	공
시	낚	물	츠	서	투	여	그	물	가	관	하	가	렵

피곤한	자연스러운
식용	정상
창조적	새로운
설명	자랑스러운
극적인	매운
우아한	생산적인
유명한	책임
신선한	건강한
강한	마른
흥미로운	

36 - Cuerpo Humano

심	츠	휴	춤	봉	식	관	얼	투	시	임	서	서	수
뇌	팔	꿈	치	구	구	원	굴	농	낚	사	낚	퍼	공
춤	도	봉	임	림	술	농	즐	혀	수	투	뽐	재	도
스	게	원	눈	낚	피	핑	핑	여	관	스	림	물	시
서	독	심	히	발	목	휴	가	원	수	히	독	뽐	렵
진	게	식	귀	캠	가	야	휴	도	그	봉	핑	캠	즐
활	수	예	시	휴	수	마	렵	동	스	구	법	편	림
여	심	물	봉	예	그	구	머	림	무	츠	심	입	킹
편	츠	권	손	스	관	기	코	리	룹	농	장	기	턱
렵	진	휴	가	낚	공	공	법	심	공	다	림	관	다
포	법	핑	락	킹	하	즐	예	손	다	투	가	식	리
어	깨	편	여	재	식	야	심	즐	다	사	구	하	낚
포	봉	킹	피	하	킹	이	서	사	구	활	마	물	구
봉	기	그	부	퍼	법	농	퍼	츠	봉	수	즐	렵	관

머리
얼굴
팔꿈치
심장
손가락

어깨
피부
다리
무릎
발목

37 - Ciencia

사	동	이	편	탄	권	식	춤	편	캠	원	캠	식	다
서	하	예	봉	산	게	임	이	자	수	도	마	물	가
사	봉	투	농	수	여	여	포	연	편	림	이	리	여
실	그	기	후	원	핑	여	하	기	진	진	화	학	포
험	험	다	공	킹	자	권	중	술	독	캠	공	여	그
실	츠	츠	구	킹	편	구	력	그	가	여	동	이	즐
진	과	학	자	술	즐	휴	법	낚	시	쁨	법	림	기
가	설	물	렵	권	시	법	게	원	츠	렵	데	다	이
림	즐	화	학	심	낚	공	유	춤	농	재	춤	이	그
그	방	법	킹	그	독	하	기	화	석	포	분	자	터
시	야	농	스	활	킹	임	체	여	입	자	투	가	독
활	하	게	낚	권	즐	이	동	다	관	렵	캠	동	서
휴	사	도	구	동	심	가	원	관	핑	투	사	춤	이
하	물	농	게	기	물	구	법	권	심	진	술	하	퍼

원자	가설
과학자	실험실
기후	방법
데이터	탄산수
진화	분자
실험	자연
물리학	유기체
화석	입자
중력	식물
사실	화학

38 - Dinosaurios

낚	시	진	캠	법	큰	사	핑	심	관	독	관	임	서
편	식	화	투	권	즐	시	투	종	법	가	잡	뺌	법
마	시	사	관	봉	법	독	춤	관	크	심	여	식	기
즐	가	원	다	예	게	소	실	서	포	기	꼬	리	성
악	순	환	여	마	농	봉	야	뺌	스	동	임	캠	봉
춤	법	화	매	머	드	뺌	법	수	활	즐	림	스	활
게	포	렵	석	권	공	파	충	류	거	대	한	하	여
편	게	츠	킹	휴	봉	강	한	핑	다	원	진	가	낚
독	날	퍼	구	수	림	킹	예	캠	권	농	투	사	뺌
야	개	스	하	퍼	진	포	휴	관	관	진	동	선	시
가	사	독	진	그	도	사	지	구	게	먹	이	사	심
공	수	이	초	식	동	물	마	식	기	활	임	시	마
마	임	물	퍼	츠	투	봉	킹	뺌	휴	서	봉	대	렵
핑	야	춤	핑	구	사	물	심	스	림	게	원	휴	마

날개	잡식성
꼬리	강한
소실	선사 시대
거대한	먹이
진화	파충류
화석	크기
초식 동물	지구
매머드	악순환

39 - Restaurante #2

원	국	여	봉	물	활	츠	츠	캠	가	전	채	샐	핑
즐	수	시	야	임	킹	재	게	예	츠	활	관	러	퍼
게	점	뽐	츠	도	사	기	물	물	고	기	서	드	춤
공	심	도	재	포	공	다	수	독	춤	다	봉	술	츠
시	마	재	숟	가	락	얼	소	금	봉	수	프	채	소
재	게	포	크	농	가	수	음	료	이	춤	림	저	원
웨	낚	과	림	구	물	원	진	식	농	림	예	녁	예
관	이	일	시	재	츠	심	독	동	림	핑	수	식	물
관	킹	터	술	스	임	재	뽐	재	뽐	이	사	술	츠
스	휴	봉	독	휴	게	포	권	기	사	즐	편	게	편
핑	도	술	원	진	마	맛	의	자	구	서	케	킹	술
향	스	편	관	투	하	식	있	킹	여	핑	이	킹	권
신	공	림	활	이	렵	게	심	는	봉	권	크	술	시
료	게	재	서	그	시	법	캠	재	권	예	법	게	츠

점심	과일
전채	얼음
음료	케이크
웨이터	물고기
저녁 식사	소금
숟가락	의자
맛있는	수프
샐러드	포크
향신료	채소
국수	

40 - Profesiones #1

예	독	구	봉	시	즐	구	가	투	의	편	구	음	여
법	대	농	코	다	관	농	수	심	사	봉	술	악	독
보	킹	사	치	휴	관	임	농	동	시	은	행	가	춤
선	석	포	뽐	휴	시	야	휴	예	진	식	하	재	농
수	낚	상	캠	킹	피	츠	여	원	동	게	식	핑	캠
즐	구	심	심	춤	아	편	투	휴	츠	킹	봉	림	하
사	독	수	동	임	니	원	수	배	수	의	사	그	공
냥	동	지	퍼	법	스	소	방	관	원	편	마	식	즐
꾼	활	질	도	투	트	심	심	공	재	진	핑	이	마
천	문	학	자	제	관	리	투	춤	봉	마	댄	구	기
편	집	자	렵	가	작	학	동	춤	공	게	서	재	투
물	변	마	농	퍼	임	자	츠	춤	독	농	시	캠	포
간	호	사	렵	편	식	즐	뽐	캠	법	츠	이	시	휴
술	사	예	캠	낚	식	사	관	기	가	임	다	농	이

변호사	대사
천문학자	간호사
선수	코치
댄서	배관공
은행가	지질학자
소방관	보석상
지도 제작자	음악가
사냥꾼	피아니스트
의사	심리학자
편집자	수의사

41 - Vehículos

야	포	사	원	수	구	헬	마	편	물	잠	수	함	캐
독	춤	편	동	재	도	게	리	도	캠	활	스	그	러
스	뗏	목	버	스	마	마	진	콥	모	물	캠	포	밴
권	시	서	심	마	봉	킹	트	랙	터	렵	로	츠	하
예	타	다	농	줄	나	사	재	뿜	법	기	켓	핑	수
편	이	지	하	철	룻	술	그	도	농	권	핑	수	구
뿜	어	츠	츠	뿜	배	가	원	투	휴	농	게	가	서
수	봉	권	활	자	전	거	구	포	편	독	포	핑	스
투	법	법	림	시	킹	림	츠	원	활	투	술	임	공
하	게	춤	스	구	진	편	진	진	비	행	기	트	도
봉	술	핑	활	도	기	술	배	캠	진	캠	차	럭	야
공	권	퍼	재	구	물	관	수	임	독	택	시	렵	시
독	야	뿜	뿜	하	급	야	권	여	사	관	권	편	식
림	임	그	식	술	심	차	농	동	차	시	반	원	춤

구급차	헬리콥터
버스	지하철
비행기	모터
뗏목	타이어
자전거	잠수함
트럭	택시
캐러밴	트랙터
로켓	기차
나룻배	

42 - Vacaciones #2

여 가 농 스 여 마 스 포 원 하 뽐 봉 수 사
행 권 그 캠 독 재 이 편 이 봉 즐 편 게 진
림 사 야 기 이 이 편 휴 수 물 하 봉 캠 시
재 편 심 편 동 예 기 하 낚 공 다 스 택 물
킹 외 국 인 텐 림 편 술 독 투 독 원 시 캠
기 시 그 호 트 공 항 비 자 권 포 야 가 츠
이 원 뽐 텔 술 섬 마 다 구 심 뽐 킹 림 이
원 휴 뽐 여 포 예 시 야 포 그 스 기 차 휴
렵 농 서 봉 시 츠 핑 하 휴 재 이 스 휴 일
식 낚 스 봉 림 법 해 게 캠 목 뽐 공 투 재
츠 당 그 도 도 서 변 독 술 동 적 휴 사 킹
퍼 식 시 독 마 진 캠 스 가 권 구 지 야 이
교 통 동 킹 술 바 렵 기 가 전 세 도 시 게
투 농 농 뽐 식 다 투 법 캠 시 하 도 렵 츠

공항	해변
텐트	전세
목적지	식당
외국인	택시
사진	교통
호텔	기차
지도	휴일
바다	여행
여가	비자
여권	

43 - Cumpleaños

술	독	츠	행	렵	수	게	진	투	춤	야	즐	노	낚
술	진	휴	복	임	달	캠	카	드	재	휴	축	래	편
동	식	렵	한	활	력	케	이	크	캠	여	가	하	휴
낚	시	포	물	하	일	동	휴	츠	심	이	선	임	하
캠	어	권	여	특	별	한	ㅅ	가	파	렵	진	물	렵
술	린	활	야	그	지	혜	춤	물	티	춤	포	렵	친
츠	킹	츠	서	스	봉	투	캠	원	야	츠	야	구
스	식	시	그	가	관	핑	이	마	마	즐	츠	공	춤
춤	이	각	추	억	이	이	스	츠	야	마	법	투	렵
즐	그	임	춤	마	재	원	초	대	장	물	활	법	독
년	거	시	예	다	퍼	핑	도	그	포	렵	술	다	술
즐	쁨	운	퍼	휴	권	핑	독	권	관	이	재	시	권
춤	농	재	독	하	원	포	술	편	투	낚	킹	양	기
휴	재	수	퍼	낚	관	관	농	태	어	난	법	초	가

즐거운	태어난
친구	파티
달력	케이크
노래	추억
축하	선물
특별한	지혜
행복한	카드
초대장	시각
어린	양초

44 - Baile

게	킹	농	마	다	공	예	구	수	츠	전	예	원	음
마	여	투	동	심	리	듬	가	도	임	통	그	낚	악
파	트	너	자	세	리	몸	기	임	휴	적	임	하	원
식	안	여	감	독	허	즐	하	낚	야	여	학	춤	기
여	무	기	예	정	설	낚	이	이	사	공	원	도	마
렵	사	원	술	문	화	림	다	원	킹	법	캠	퍼	독
즐	휴	운	휴	츠	포	공	츠	낚	편	나	투	고	수
림	거	동	가	시	츠	식	활	여	핑	원	타	전	츠
임	도	운	퍼	각	서	구	포	마	야	독	물	내	투
뻠	포	재	물	츠	서	식	킹	춤	편	원	독	예	는
시	재	구	심	봉	다	식	임	하	시	물	술	도	활
권	활	기	은	투	물	투	활	즐	서	즐	사	야	이
독	식	예	혜	물	투	심	림	그	공	농	공	도	독
퍼	서	관	퍼	수	스	재	독	봉	이	법	물	재	서

학원	은혜
즐거운	운동
예술	음악
고전	자세
안무	리듬
문화	파트너
감정	전통적
리허설	시각
나타내는	

45 - Matemáticas

십	진	수	정	캠	여	원	재	독	그	평	캠	사	낚
식	캠	직	도	사	즐	렵	츠	편	츠	행	마	다	예
다	재	퍼	마	가	각	심	스	수	서	대	하	구	체
둘	원	삼	킹	관	퍼	형	킹	기	기	심	칭	휴	임
레	서	기	각	퍼	직	사	각	형	임	진	물	편	투
가	구	마	독	형	기	하	학	구	심	분	임	원	재
휴	이	킹	서	서	퍼	구	마	서	산	수	독	활	캠
임	재	가	식	휴	심	관	공	편	구	캠	투	음	츠
스	스	평	휴	그	사	다	물	캠	포	야	도	량	편
마	활	행	멱	다	각	형	권	휴	서	츠	서	사	농
하	예	사	지	름	동	농	춤	활	츠	공	렵	스	원
렵	포	변	수	야	스	반	춤	투	수	서	림	다	관
야	심	형	방	정	식	지	수	원	각	관	사	관	독
캠	킹	그	권	그	서	름	서	술	도	원	투	진	농

산수	기하학
각도	평행
둘레	평행사변형
정사각형	수직
십진수	다각형
지름	반지름
방정식	직사각형
구체	대칭
멱지수	삼각형
분수	음량

46 - Restaurante #1

기	여	렵	웨	봉	하	서	즐	재	림	법	부	휴	킹
권	활	재	이	그	이	서	독	료	법	츠	이	엄	식
하	디	저	트	롯	편	투	캠	활	관	법	관	춤	시
독	구	예	리	도	스	여	낚	관	임	법	활	공	스
게	농	그	스	음	게	렵	원	어	술	심	스	수	렵
동	심	휴	하	식	관	낚	시	관	림	술	동	야	독
여	원	그	춤	기	식	휴	춤	술	매	커	피	휴	공
칼	물	춤	낚	공	퍼	진	수	닭	운	알	레	르	기
도	재	냅	킨	서	재	핑	사	예	포	관	봉	휴	하
술	야	뿜	마	츠	다	구	물	휴	캠	림	게	편	뿜
메	기	봉	임	다	핑	즐	다	이	농	예	예	약	다
퍼	뉴	낚	춤	캠	재	사	권	심	수	공	임	재	뿜
킹	공	식	공	림	동	게	고	소	스	마	관	편	재
킹	기	심	서	캠	하	수	기	투	그	마	빵	게	봉

알레르기	메뉴
커피	매운
웨이트리스	디저트
고기	예약
부엌	소스
음식	냅킨
재료	그릇

47 - Profesiones #2

우 재 활 여 스 임 춤 투 식 가 그 기 자 철
진 주 치 과 의 사 렵 스 법 캠 권 일 술 학
마 낚 비 활 핑 활 휴 서 도 뽐 림 러 야 자
독 언 킹 행 엔 지 니 어 이 심 편 스 권 술
사 스 어 스 사 캠 심 그 임 임 화 트 스 공
농 킹 예 학 형 사 뽐 사 진 작 가 레 동 가
즐 조 종 사 자 발 명 자 캠 투 원 이 재 하
선 생 님 휴 외 과 의 사 연 구 원 터 휴 림
림 도 핑 시 하 사 서 사 시 동 구 츠 정 농
기 공 재 물 식 물 포 식 생 물 학 자 원 구
술 낚 수 물 임 퍼 스 진 수 학 여 즐 사 봉
춤 도 핑 여 봉 여 낚 캠 림 자 농 활 편 시
활 구 즐 원 하 마 사 활 관 공 진 임 예 포
심 렵 퍼 포 물 낚 예 가 캠 독 투 투 다 즐

우주 비행사	발명자
사서	연구원
생물학자	정원사
외과 의사	언어학자
치과 의사	의사
형사	기자
철학자	조종사
사진 작가	화가
일러스트레이터	선생님
엔지니어	동물학자

48 - Senderismo

기	기	렵	핑	진	수	권	하	킹	마	임	스	낭	예
수	서	휴	봉	가	예	활	츠	캠	원	농	뺌	떠	춤
캠	하	그	봉	편	무	돌	부	심	킹	다	가	러	권
핑	사	법	서	농	거	기	츠	도	스	이	지	기
츠	봉	진	도	활	운	포	구	술	퍼	자	드	법	시
봉	휴	림	심	편	동	사	물	준	비	야	연	캠	심
여	야	공	농	포	낚	물	농	게	활	생	츠	츠	동
낚	임	낚	편	수	그	춤	정	사	뺌	시	휴	포	공
낚	게	스	춤	킹	마	시	위	동	물	낚	투	퍼	퍼
원	스	농	서	밋	즐	진	재	뺌	낚	기	공	원	마
사	권	도	츠	이	기	서	하	춤	이	재	퍼	권	도
캠	독	렵	즐	태	양	다	서	캠	시	피	곤	한	모
식	퍼	물	지	킹	킹	가	권	진	권	게	투	그	기
즐	사	게	임	도	뺌	야	심	독	구	스	심	츠	후

낭떠러지	모기
동물	자연
부츠	정위
캠핑	공원
피곤한	무거운
기후	준비
서밋	야생
가이드	태양
지도	

49 - Naturaleza

독	평	도	게	그	술	캠	하	임	독	공	심	꿀	임
츠	화	야	투	임	뽐	림	휴	술	림	즐	벌	심	물
심	로	림	술	이	수	츠	관	캠	포	술	원	낚	낚
야	운	여	춤	농	스	임	권	림	재	퍼	하	관	편
원	생	물	마	휴	기	뽐	춤	심	휴	춤	동	편	투
구	스	식	수	심	원	열	잎	뽐	림	퍼	휴	가	뽐
성	역	구	절	빙	하	대	관	술	공	퍼	독	이	숲
임	포	핑	벽	편	포	킹	게	권	도	활	편	킹	예
가	포	킹	예	재	북	여	이	활	서	포	진	즐	동
예	독	이	법	하	극	도	물	휴	게	공	산	춤	사
농	동	낚	킹	그	림	원	고	요	한	물	관	서	캠
핑	마	수	시	사	하	마	다	부	가	동	적	서	봉
시	마	사	퍼	안	림	서	구	식	수	물	포	관	이
서	물	막	즐	강	개	아	름	다	움	츠	편	공	독

꿀벌   빙하
절벽   안개
동물   구름
북극   평화로운
아름다움   야생
사막   성역
동적   고요한
부식   열대

50 - Vacaciones #1

재	임	다	사	편	도	예	휴	이	법	동	서	관	낚
활	이	심	이	가	휴	식	예	투	춤	림	게	야	다
우	산	이	출	통	예	구	즐	관	활	진	임	기	그
호	수	림	킹	발	화	그	배	광	그	임	관	스	다
원	정	가	캠	시	심	예	낭	객	마	휴	공	편	마
퍼	비	하	스	스	임	게	예	물	낚	술	시	렵	서
재	농	행	심	여	행	가	방	휴	스	다	가	농	시
그	휴	공	기	낚	도	낚	세	독	술	시	전	술	낚
그	진	도	림	렵	박	물	관	독	서	핑	차	렵	물
재	시	게	기	식	하	원	다	관	퍼	휴	게	임	권
농	표	공	뽐	휴	캠	마	가	원	림	물	재	공	즐
관	동	동	도	농	림	휴	식	림	구	법	수	야	물
술	스	일	농	사	렵	렵	공	뽐	게	캠	다	활	포
권	법	정	기	식	포	기	림	츠	휴	식	투	수	진

세관	통화
비행기	박물관
원정	우산
일정	휴식
호수	출발
여행 가방	시가 전차
배낭	관광객

51 - Conduciendo

재	여	구	도	렵	퍼	거	원	다	가	독	예	수	포
위	편	림	활	심	권	휴	리	식	권	관	농	재	야
험	공	재	핑	법	가	버	춤	사	휴	법	터	널	동
이	핑	관	츠	여	스	스	가	춤	지	트	럭	재	렵
보	행	자	재	특	허	포	물	오	서	도	여	가	포
퍼	서	서	투	예	사	브	법	토	공	게	임	츠	낚
여	렵	킹	렵	재	차	봉	레	바	공	가	쁨	마	가
원	차	술	낚	사	고	동	춤	이	권	편	심	수	모
림	퍼	가	퍼	동	그	농	츠	법	크	원	퍼	임	터
술	투	킹	다	여	가	쁨	농	수	다	게	춤	원	여
관	권	관	심	낚	재	안	속	스	그	술	봉	츠	쁨
수	원	야	하	권	사	전	도	포	연	료	원	쁨	기
경	찰	츠	캠	즐	물	식	교	여	다	진	물	수	편
그	시	투	가	춤	핑	야	통	사	핑	관	가	공	스

사고	오토바이
버스	모터
거리	보행자
트럭	위험
연료	경찰
브레이크	안전
차고	교통
가스	터널
특허	속도
지도	

52 - Ballet

근	원	법	법	렵	진	그	봉	림	서	공	술	사	뺌
스	육	스	타	일	음	악	농	게	동	예	동	가	구
야	연	습	야	권	봉	청	중	다	킹	농	술	예	관
기	핑	예	작	여	재	포	뺌	동	게	그	휴	적	퍼
기	야	퍼	곡	도	동	술	기	농	구	기	술	킹	서
예	렵	림	가	서	관	하	술	독	독	강	렬	함	시
도	핑	가	농	츠	하	시	스	수	주	리	듬	여
휴	원	하	활	이	서	제	권	즐	업	킹	허	시	여
다	물	재	휴	퍼	가	스	킹	댄	발	설	스	하
공	투	물	재	진	진	처	도	휴	서	레	기	뺌	퍼
독	박	봉	오	케	스	트	라	공	림	리	술	가	포
렵	수	이	다	사	림	킹	마	서	예	나	타	내	는
술	즐	시	게	가	시	츠	다	게	안	술	하	스	게
즐	공	츠	권	뺌	마	휴	시	킹	무	임	하	봉	춤

박수	제스처
예술적	강렬함
청중	수업
발레리나	근육
댄서	음악
작곡가	오케스트라
안무	연습
리허설	리듬
스타일	독주
나타내는	기술

53 - Aventura

안	킹	물	관	게	핑	시	즐	림	예	야	술	편	임
전	야	법	다	편	마	아	름	다	움	야	사	시	원
뽐	활	사	게	목	도	기	뽐	용	퍼	수	핑	게	위
핑	재	기	하	마	적	술	자	감	다	새	동	림	험
물	투	공	농	츠	재	지	연	수	관	로	뽐	관	한
심	림	열	기	식	핑	캠	재	놀	라	운	렵	봉	포
예	동	광	원	캠	즐	법	일	특	이	한	기	진	기
동	소	관	편	가	킹	투	임	정	준	공	서	춤	술
야	풍	독	활	활	투	퍼	기	편	활	비	림	게	서
원	시	낚	물	동	편	서	핑	원	수	춤	휴	휴	기
다	권	도	킹	봉	포	구	어	려	움	캠	게	시	투
친	구	사	활	하	관	캠	도	기	활	사	킹	예	원
기	회	킹	포	그	가	캠	가	봉	여	공	권	심	투
독	그	예	게	독	이	항	해	퍼	캠	활	게	캠	사

활동   자연
기쁨   항해
친구   새로운
아름다움 기회
목적지   위험한
어려움   준비
열광   안전
소풍   놀라운
특이한   용감
일정

54 - Pájaros

즐	임	심	사	거	여	스	핑	까	마	귀	기	사	농
다	여	구	렵	권	위	가	휴	활	구	시	예	식	휴
백	조	시	공	도	뻐	킹	독	츠	마	구	임	하	캠
이	캠	서	포	야	킹	꾸	여	츠	도	법	기	물	펭
킹	식	이	공	게	식	뼘	기	여	그	농	여	시	귄
하	관	법	관	식	야	활	식	시	포	헤	캠	구	식
구	예	술	독	원	퍼	임	림	퍼	식	법	론	독	사
휴	킹	춤	림	봉	마	관	비	둘	기	림	그	수	림
법	식	예	도	게	마	포	플	라	밍	고	펠	리	컨
원	물	서	심	관	이	뼘	부	리	새	동	휴	이	원
원	술	술	진	앵	다	황	권	동	림	츠	시	심	수
퍼	렵	임	렵	무	오	새	진	스	술	춤	여	독	서
사	타	조	참	새	리	킹	봉	동	관	활	마	그	핑
게	공	킹	갈	매	기	계	란	닭	농	권	농	식	춤

타조	갈매기
독수리	참새
황새	계란
백조	앵무새
뻐꾸기	비둘기
까마귀	오리
플라밍고	펠리컨
거위	펭귄
헤론	부리새

55 - Playa

원	킹	서	다	식	독	스	캠	서	라	심	수	하	퍼
시	포	그	블	루	심	진	모	래	군	기	건	서	동
범	선	하	춤	독	스	춤	임	마	법	춤	낚	샌	들
가	렵	법	림	재	대	술	예	다	편	여	진	서	원
스	휴	가	동	사	퍼	양	하	식	춤	심	쁨	게	춤
시	예	진	야	스	그	게	킹	야	그	야	농	공	술
캠	권	이	술	게	하	편	법	우	야	야	봉	휴	그
임	휴	활	재	포	공	심	섬	심	산	퍼	활	임	춤
야	하	이	포	즐	농	도	하	핑	게	봉	츠	식	물
게	권	서	퍼	임	독	도	도	활	투	그	야	식	캠
봉	해	암	휴	게	심	권	캠	여	수	다	공	즐	게
권	안	독	초	바	다	여	여	활	권	춤	활	심	시
퍼	서	물	배	킹	태	양	공	캠	야	이	휴	권	구
츠	이	마	포	스	츠	봉	이	공	권	진	투	활	휴

모래
암초
블루
해안
라군
바다
대양

우산
샌들
태양
수건
휴가
범선

56 - Surf

술	암	진	시	춤	동	야	여	다	가	선	스	수	기
술	초	하	농	재	투	시	마	위	공	수	림	타	농
도	마	농	킹	미	그	물	캠	공	동	여	진	독	일
츠	공	서	힘	가	권	독	림	원	그	관	투	농	뿜
거	품	낚	하	이	춤	제	술	예	휴	다	심	예	뿜
야	진	스	프	레	이	림	스	날	렵	권	활	서	농
휴	공	게	가	원	재	림	수	관	씨	서	군	법	활
뿜	관	시	식	파	도	챔	다	원	포	가	중	투	츠
서	기	해	변	초	스	캠	피	공	다	사	게	사	권
시	서	편	공	보	도	퍼	법	언	봉	법	편	술	뿜
림	기	원	게	자	심	핑	렵	독	춤	임	투	츠	심
림	뿜	게	퍼	진	구	낚	수	진	봉	구	권	캠	즐
킹	독	캠	투	속	도	그	하	도	핑	시	재	구	진
인	기	있	는	수	포	즐	재	권	대	양	식	림	휴

암초
선수
챔피언
날씨
재미
거품
스타일
군중

대양
파도
해변
인기있는
초보자
스프레이
속도

57 - Geografía

사	재	기	춤	서	식	재	법	농	야	투	세	권	편
국	가	하	임	춤	다	동	츠	그	자	오	선	계	반
게	아	틀	라	스	시	캠	춤	이	춤	킹	렵	편	구
다	식	이	림	여	캠	동	서	킹	휴	수	재	임	술
임	츠	산	공	스	원	공	여	캠	낚	대	영	토	재
봉	물	임	지	휴	여	포	림	서	북	륙	물	물	예
권	예	퍼	역	심	바	다	권	남	쪽	게	시	사	퍼
이	그	휴	다	림	봉	이	춤	킹	핑	게	투	농	진
가	휴	위	도	동	섬	스	이	원	물	경	도	시	츠
수	예	쁨	예	시	휴	츠	동	농	캠	관	야	원	핑
지	여	쁨	권	시	독	하	강	도	시	관	원	춤	고
동	도	법	시	기	농	심	구	춤	게	예	퍼	사	도
츠	농	즐	예	사	편	동	하	구	그	독	임	즐	그
낚	수	핑	휴	농	마	도	투	기	진	활	예	권	쁨

고도
아틀라스
도시
대륙
반구
위도
경도
지도
바다

자오선
세계
북쪽
서쪽
국가
지역
남쪽
영토

58 - Deportes

테	니	스	활	관	활	그	챔	츠	시	낚	농	원	동
포	캠	캠	렵	구	낚	도	핑	피	사	다	식	게	츠
심	판	즐	서	사	수	봉	이	가	언	원	봉	코	치
플	레	이	어	임	낚	림	춤	여	사	십	휴	수	권
뽐	권	시	활	춤	법	이	법	투	스	킹	물	핑	식
재	게	임	가	선	킹	봉	여	포	렵	기	휴	재	캠
스	야	식	식	수	즐	퍼	수	핑	캠	공	하	여	즐
림	츠	캠	하	킹	뽐	농	관	춤	경	심	식	뽐	춤
진	하	여	골	진	활	시	기	투	수	기	뽐	마	식
체	육	관	프	이	하	키	춤	야	구	다	장	농	관
동	조	뽐	법	동	기	원	진	봉	도	우	수	구	예
운	츠	즐	퍼	가	활	예	법	도	캠	승	진	물	예
동	핑	포	독	임	임	법	가	동	가	자	전	거	농
다	공	서	원	기	법	팀	렵	즐	퍼	마	즐	도	휴

선수	체조
심판	체육관
농구	골프
야구	하키
자전거	게임
챔피언십	플레이어
코치	운동
경기장	테니스
우승자	

59 - Actividades

다	게	술	임	농	게	낚	사	봉	재	다	서	사	활
원	다	렵	여	수	기	시	뿜	춤	다	수	캠	퍼	편
원	예	다	활	활	진	기	게	임	림	스	이	술	킹
게	술	진	동	기	이	퍼	퍼	휴	재	낚	가	독	시
서	츠	킹	렵	뿜	술	사	핑	가	원	게	퍼	춤	권
봉	편	퍼	게	심	게	낚	사	구	사	공	심	즐	춤
야	물	동	투	투	심	게	춤	그	진	투	임	법	공
독	원	공	예	게	퍼	마	법	캠	술	마	렵	캠	사
휴	뿜	하	이	킹	즐	캠	뿜	핑	가	다	여	렵	림
활	식	도	재	핑	수	낚	낚	여	심	예	마	포	다
법	여	술	다	림	춤	핑	즐	투	투	구	림	핑	다
캠	가	관	도	임	그	다	가	동	기	수	공	여	낚
낚	시	심	독	권	그	식	봉	재	봉	렵	심	스	시
사	예	사	서	물	퍼	농	스	심	퍼	술	동	낚	임

활동	게임
예술	독서
공예	마법
캠핑	여가
수렵	낚시
재봉	기쁨
사진술	휴식
기술	퍼즐
관심사	하이킹
원예	편물

60 - Verduras

다	식	편	킹	동	야	게	렵	수	진	감	이	퍼	물
하	독	수	시	진	뽐	식	봉	공	활	자	스	임	심
림	권	킹	진	여	핑	게	예	휴	예	춤	게	물	관
심	렵	다	춤	술	시	생	강	독	호	박	사	츠	가
여	관	이	게	임	서	금	포	식	진	도	기	수	원
동	휴	공	임	여	렵	법	치	셀	러	리	토	버	술
가	낚	투	공	이	관	여	춤	포	임	법	마	섯	브
투	지	즐	여	포	게	낚	츠	투	관	야	토	수	로
림	공	스	동	춤	수	임	동	관	임	양	핑	렵	콜
아	야	킹	완	심	춤	농	올	포	원	독	파	슬	리
티	농	관	두	림	뽐	뽐	리	식	시	법	권	관	가
초	투	뽐	콩	하	오	이	브	샐	러	드	술	포	킹
크	순	무	원	임	춤	구	봉	포	이	마	늘	구	렵
진	그	스	활	권	공	공	낚	사	게	림	낚	당	근

마늘
아티초크
셀러리
가지
브로콜리
호박
양파
샐러드
시금치
완두콩

생강
순무
올리브
감자
오이
파슬리
버섯
토마토
당근

61 - Instrumentos Musicales

가	게	이	이	타	낚	권	예	트	마	휴	공	탬	심
진	퍼	휴	심	휴	악	서	권	럼	림	권	하	버	여
공	진	활	식	권	야	기	편	펫	바	이	올	린	관
캠	재	봉	핑	도	렵	타	북	킹	순	서	진	렵	포
렵	독	마	밴	조	림	휴	색	소	폰	물	재	이	여
서	농	스	오	림	게	도	물	야	게	플	법	수	하
마	휴	즐	보	렵	진	법	림	사	도	루	활	춤	진
도	구	식	에	기	동	첼	로	원	킹	트	롬	본	낚
진	권	기	공	권	원	포	다	야	사	법	캠	활	림
포	하	투	봉	징	피	게	낚	농	게	야	심	독	식
임	프	모	여	킹	아	수	스	츠	권	클	임	낚	즐
림	예	림	니	심	노	수	퍼	림	마	라	퍼	여	예
만	돌	린	진	카	법	핑	봉	봉	봉	리	핑	관	권
즐	그	농	렵	서	식	그	퍼	핑	법	넷	림	봉	스

하모니카	오보에
하프	탬버린
밴조	타악기
클라리넷	피아노
바순	색소폰
플루트	트롬본
기타	트럼펫
만돌린	바이올린
마림바	첼로

62 - Escalada

가	스	휴	퍼	독	낚	진	법	쁨	그	하	낚	춤	렵
핑	이	게	물	즐	퍼	가	시	다	이	활	킹	이	휴
즐	기	드	물	림	야	심	심	농	춤	기	물	캠	독
도	스	재	봉	쁨	동	임	렵	캠	임	캠	여	휴	재
게	낚	하	그	휴	굴	관	사	편	구	야	시	다	심
식	식	편	구	진	장	갑	활	쁨	투	사	렵	게	가
관	핑	농	즐	여	진	다	봉	도	시	호	게	퍼	술
츠	핑	좁	은	안	정	성	기	분	위	기	하	낚	농
진	봉	원	물	진	기	킹	고	여	물	심	예	스	재
봉	캠	캠	심	이	여	휴	지	도	전	문	가	힘	물
킹	게	낚	이	진	그	식	형	킹	독	권	활	즐	임
편	술	퍼	헬	멧	예	기	수	캠	춤	예	법	독	하
심	심	술	림	부	상	훈	련	가	재	춤	법	서	술
심	쁨	투	포	츠	하	이	킹	캠	츠	활	휴	마	예

고도	전문가
분위기	훈련
부츠	장갑
헬멧	가이드
동굴	부상
호기심	지도
안정성	하이킹
좁은	지형

63 - Mascotas

퍼	도	사	렵	예	도	물	원	강	포	예	사	뺌	발
림	야	서	심	발	낚	다	서	아	핑	권	림	핑	톱
물	마	마	야	춤	하	그	농	지	음	킹	원	다	가
시	킹	물	진	동	독	사	봉	다	식	휴	캠	염	기
뺌	임	재	휴	캠	예	법	편	도	동	투	포	소	진
게	킹	다	이	시	토	예	사	림	심	그	칼	도	독
사	독	렵	그	휴	핑	끼	즐	물	츠	원	라	구	여
재	츠	시	독	그	사	낚	렵	술	다	봉	도	마	뱀
사	사	마	재	뺌	뺌	핑	원	즐	독	동	수	의	사
쥐	뺌	꼬	개	고	양	이	사	햄	스	터	앵	무	새
낚	소	거	리	물	야	렵	물	권	하	사	서	투	심
법	마	북	수	고	농	즐	활	다	관	서	예	사	야
권	공	이	원	기	하	캠	봉	봉	다	게	식	휴	임
식	그	퍼	캠	임	핑	게	원	포	활	야	다	여	독

염소	고양이
강아지	햄스터
꼬리	도마뱀
칼라	앵무새
음식	물고기
토끼	거북이
발톱	수의사

64 - Formas

호	원	활	활	독	렵	법	임	원	가	포	도	독	그
시	구	권	실	린	더	임	술	가	게	봉	핑	여	마
측	가	재	원	뿜	구	체	원	포	서	서	봉	모	즐
면	도	활	츠	렵	핑	마	캠	휴	도	하	기	서	활
식	다	심	임	핑	원	다	다	그	낚	타	쌍	리	법
마	게	그	하	진	활	기	예	관	야	원	츠	곡	예
입	야	도	츠	법	다	춤	캠	다	시	야	가	곡	선
방	활	하	원	동	식	가	휴	스	공	다	타	원	형
체	정	구	가	관	공	법	임	여	직	사	각	형	뿔
휴	사	여	낚	원	공	프	구	야	마	춤	원	형	피
삼	각	형	가	장	자	리	게	독	다	스	마	시	라
수	형	술	서	법	활	즘	수	다	츠	기	술	핑	미
휴	시	심	서	서	활	휴	즐	킹	마	동	기	관	드
예	관	서	선	츠	림	식	휴	다	기	서	낚	휴	사

가장자리   쌍곡선
실린더   측면
원뿔   타원형
정사각형   피라미드
입방체   다각형
곡선   프리즘
타원   직사각형
구체   삼각형
모서리

65 - Flores

관	권	식	야	활	심	시	라	벤	더	장	춤	휴	그
야	농	가	이	클	림	서	사	렙	렵	미	법	술	캠
낚	봉	권	원	로	도	킹	마	킹	게	봉	서	사	포
편	춤	다	퍼	버	술	투	핑	관	츠	꽃	데	진	뿜
히	비	스	커	스	난	초	독	림	가	다	공	이	퍼
낚	독	렵	농	수	재	투	양	귀	비	발	권	휴	지
이	야	뿜	편	수	도	게	핑	편	공	진	편	퍼	서
림	그	퍼	킹	백	합	임	킹	그	마	봉	심	뿜	동
도	해	바	라	기	심	여	모	법	뿜	시	캠	구	킹
핑	편	권	일	법	가	재	란	편	기	공	관	법	원
가	투	식	락	민	치	자	스	심	뿜	여	서	금	뿜
게	식	핑	원	재	들	킹	활	민	스	진	구	송	여
꽃	튤	립	심	관	식	레	사	가	공	수	선	화	서
잎	식	서	츠	구	심	물	목	련	포	사	법	예	술

양귀비	목련
금송화	데이지
민들레	수선화
치자	난초
해바라기	모란
히비스커스	꽃잎
재스민	꽃다발
라벤더	장미
라일락	클로버
백합	튤립

66 - Astronomía

퍼	서	활	서	농	원	예	예	춤	렵	물	방	포	물
캠	투	츠	법	즐	술	봉	츠	퍼	야	법	사	봉	구
야	술	동	초	핑	츠	망	공	독	물	여	낚	구	공
퍼	술	식	신	야	즐	마	원	수	춤	로	켓	지	구
활	재	위	성	수	식	진	춤	경	즐	독	렵	즐	코
다	스	가	구	활	렵	가	도	즐	가	수	춤	다	스
림	봉	투	사	달	전	망	대	동	다	농	낚	낚	모
춘	분	그	관	봉	공	그	포	편	농	낚	편	관	스
식	가	수	사	은	우	주	비	행	사	낚	게	퍼	유	원
사	진	편	스	하	주	하	늘	성	스	츠	재	천	성
식	투	술	휴	퍼	독	사	마	스	하	예	예	문	야
봉	뿜	뿜	춤	수	구	식	임	도	가	그	별	학	시
소	행	성	관	휴	법	진	서	서	법	권	수	자	재
야	스	낚	마	독	권	원	퍼	캠	킹	도	식	물	리

소행성   유성
우주 비행사   전망대
천문학자   행성
하늘   방사
로켓   위성
별자리   초신성
코스모스   망원경
춘분   지구
은하   우주

67 - Tiempo

전	에	기	휴	연	간	포	공	캠	법	서	투	가	십
스	세	기	사	독	야	캠	쁨	하	권	야	물	미	년
관	마	수	하	즐	심	게	식	림	기	야	투	래	즐
시	진	츠	즐	식	이	마	정	진	춤	림	마	재	그
수	여	렵	달	진	렵	식	오	관	기	휴	투	이	가
춤	휴	포	력	휴	낚	수	술	어	제	지	금	포	서
마	이	낚	권	마	주	쁨	시	계	아	심	츠	게	농
봉	가	공	핑	휴	일	사	오	늘	침	투	이	예	술
순	캠	물	밤	기	림	게	술	그	퍼	스	다	임	야
권	간	스	봉	낚	시	쁨	포	예	투	시	식	법	동
가	다	활	즐	도	수	시	캠	가	임	월	간	퍼	핑
퍼	진	휴	야	예	독	동	임	즐	농	그	킹	하	림
임	수	물	활	기	이	구	술	도	게	술	츠	림	가
재	시	사	독	춤	서	가	진	야	분	권	다	원	서

지금
전에
연간
어제
달력
십년
미래

시간
오늘
아침
정오
순간
시계
세기

68 - Paisajes

다	관	이	임	여	낚	동	게	공	가	물	이	반	도
원	휴	식	예	원	다	퍼	수	시	게	뿜	봉	뿜	진
퍼	서	진	심	동	기	편	춤	물	림	여	사	림	게
시	여	이	츠	식	휴	휴	가	공	심	시	막	야	서
빙	하	바	도	렵	낚	재	독	가	림	츠	마	킹	술
산	서	다	물	스	포	예	이	게	뿜	퍼	재	가	츠
야	수	야	캠	구	도	법	수	사	마	킹	라	법	도
다	퍼	츠	투	늪	다	수	즐	하	구	춤	군	즐	공
킹	농	야	심	포	동	굴	낚	법	게	권	술	가	하
물	봉	편	골	퍼	식	토	오	아	시	스	폭	화	산
간	헐	천	짜	다	강	투	대	해	변	시	포	임	춤
이	식	예	기	기	렵	퍼	즐	물	재	독	게	호	게
림	공	동	독	퍼	낚	야	이	렵	농	술	서	게	수
캠	그	킹	그	즐	낚	가	섬	야	낚	기	공	이	임

폭포	라군
동굴	바다
사막	오아시스
하구	반도
간헐천	해변
빙하	동토대
빙산	골짜기
호수	화산

69 - Días y Meses

공	림	하	도	사	서	공	행	편	임	칠	월	금	도
술	기	진	림	원	봉	심	핑	진	목	요	일	요	원
토	요	일	야	편	포	기	물	림	심	원	요	일	일
즐	츠	물	편	법	도	주	스	법	그	십	일	월	봉
그	술	심	즐	팔	투	스	독	권	진	월	춤	관	츠
투	게	림	심	월	달	력	다	렵	이	농	봉	구	법
동	가	편	림	식	퍼	도	그	휴	동	독	다	월	포
여	츠	시	물	동	농	월	마	투	원	츠	스	야	원
포	춤	예	가	원	술	다	동	림	구	하	사	캠	년
캠	포	캠	사	수	춤	다	관	예	법	봉	야	하	활
킹	그	재	술	술	퍼	법	봉	수	권	물	원	재	예
다	봉	야	권	이	캠	투	츠	요	뿜	농	스	그	퍼
구	야	서	술	농	술	다	진	일	즐	여	재	킹	뿜
휴	법	임	구	화	요	일	술	춤	법	캠	다	그	임

팔월	행진
달력	수요일
일요일	십일월
목요일	십월
칠월	토요일
월요일	구월
화요일	금요일

70 - Chocolate

```
술 수 시 예 맛 맛 투 핑 츠 편 재 재 예 그
편 활 활 다 게 있 공 편 기 공 권 캐 편 캠
항 산 화 제 그 는 츠 다 마 술 물 핑 러 림
림 그 물 쓴 하 진 여 낚 시 이 예 구 퍼 멜
술 권 진 공 킹 술 권 여 렵 임 임 뽐 구 공
림 예 도 관 스 렵 독 법 다 야 그 서 사 휴
권 임 수 동 캠 달 콤 한 식 장 물 성 분 진
하 츠 시 활 가 진 임 수 수 인 재 관 물 이
야 핑 도 좋 아 하 는 코 구 이 땅 콩 품 국
그 권 도 투 독 림 진 코 시 게 마 예 질 적
구 게 진 공 즐 다 스 넛 임 시 봉 카 츠 인
예 이 퍼 그 휴 렵 투 포 츠 공 사 휴 카 마
스 관 기 림 이 가 설 술 봉 하 레 시 피 오
도 예 칼 로 리 루 탕 편 공 시 원 식 구 원
```

항산화제	코코넛
장인	맛있는
설탕	달콤한
땅콩	이국적인
카카오	좋아하는
품질	성분
칼로리	가루
캐러멜	레시피

71 - Barbacoas

하	수	구	휴	수	물	이	법	퍼	채	그	마	킹	여
핑	야	권	캠	굶	예	투	재	퍼	소	금	핑	기	쁨
임	마	권	예	주	다	법	츠	춤	스	샐	러	드	편
심	토	마	토	림	낚	다	양	파	과	후	추	진	렵
쁨	렵	춤	예	춤	원	도	투	심	일	농	공	봉	진
마	관	마	낚	시	독	원	법	스	저	녁	식	사	마
낚	법	공	즐	렵	츠	핑	야	구	렵	즐	물	술	쁨
칼	림	농	관	그	원	공	활	다	점	낚	권	관	재
농	여	음	악	게	투	이	수	스	심	스	그	포	투
진	활	름	림	서	예	킹	캠	임	여	야	릴	캠	휴
게	임	뜨	포	술	어	하	수	독	하	독	가	시	렵
시	킹	거	닭	림	권	린	포	구	술	활	포	기	식
퍼	투	운	구	가	족	봉	이	스	춤	봉	투	휴	독
핑	킹	캠	핑	술	독	권	기	림	공	렵	식	임	스

점심	음악
뜨거운	어린이
양파	그릴
저녁 식사	후추
샐러드	소금
가족	소스
과일	토마토
굶주림	여름
게임	채소

72 - Ropa

그	독	재	구	도	뺌	도	즐	낚	뺌	활	재	치	봉
다	구	핑	물	마	여	식	그	림	수	렵	퍼	벨	마
술	두	잠	즐	봉	예	동	농	휴	보	석	류	트	게
뺌	낚	옷	춤	편	농	휴	기	스	마	뺌	투	뺌	식
야	예	렵	모	자	목	여	재	렵	진	독	킹	술	술
게	관	공	킹	심	스	걸	킷	다	퍼	원	야	봉	춤
앞	뺌	포	뺌	법	휴	블	이	퍼	권	장	갑	동	구
치	관	독	야	드	서	라	진	코	트	샌	들	팔	찌
마	기	즐	렵	바	레	우	동	야	캠	그	농	캠	투
봉	물	임	활	지	패	스	카	프	법	다	독	휴	퍼
휴	물	가	스	스	션	웨	스	츠	관	림	독	포	농
임	림	재	렵	렵	다	터	셔	야	츠	구	도	예	다
진	독	킹	술	권	마	농	츠	뺌	권	농	다	춤	뺌
봉	츠	법	낚	법	가	스	핑	심	림	츠	편	뺌	낚

코트	보석류
블라우스	패션
스카프	바지
셔츠	잠옷
재킷	팔찌
벨트	샌들
목걸이	모자
앞치마	스웨터
치마	드레스
장갑	구두

73 - Meditación

캠	렵	마	림	도	봉	서	독	관	가	식	봉	진	진
봉	편	음	뺌	진	핑	캠	편	휴	하	서	원	재	물
서	편	야	법	행	복	선	술	렵	임	하	수	물	림
감	예	도	핑	봉	수	명	즐	즐	캠	수	구	심	하
정	사	공	춤	춤	가	도	침	구	재	수	술	수	킹
렵	활	음	이	여	권	춤	묵	평	화	여	렵	킹	여
투	핑	악	여	다	투	기	사	림	캠	시	물	그	수
춤	식	심	여	츠	수	야	그	포	원	봉	휴	캠	마
호	포	서	법	진	다	술	구	킹	캠	퍼	낚	이	진
흡	투	게	그	춤	포	재	친	즐	춤	독	림	즐	임
생	각	활	사	농	공	스	절	뺌	연	민	관	찰	독
구	예	그	포	자	연	법	진	여	권	편	점	포	정
주	의	독	이	수	세	렵	캠	농	렵	이	예	투	신
권	관	관	춤	춤	락	운	동	포	활	투	시	다	신

수락
주의
친절
선명도
연민정
감정복
행복사
감사신
정신
마음

운동
운음악
자연찰
관찰화
평화각
생각점
관점세
자세흡
호흡
침묵

74 - Comedia

핑	관	식	킹	법	렵	기	여	다	춤	휴	투	진	공
예	림	림	핑	퍼	하	분	휴	즐	도	포	예	농	사
여	사	식	봉	기	봉	심	원	기	포	렵	도	물	심
독	식	퍼	나	재	미	핑	물	구	임	가	서	뿜	가
마	여	농	타	관	다	법	퍼	심	공	농	담	야	캠
게	렵	여	내	공	춤	게	츠	여	서	게	박	투	임
청	중	배	는	야	동	구	사	즉	뿜	수	광	대	대
활	낚	우	우	다	패	러	디	퍼	예	흥	극	장	킹
공	렵	물	야	뿜	킹	즐	독	킹	가	뿜	연	르	그
킹	권	이	독	렵	활	활	물	마	하	텔	림	주	구
물	림	휴	활	관	권	야	심	도	동	레	다	봉	영
웃	식	다	스	사	법	하	구	심	관	비	관	예	리
스	음	관	킹	봉	투	퍼	퍼	봉	포	전	식	법	한
편	핑	림	퍼	렵	관	진	하	물	이	권	여	권	렵

배우	기분
여배우	즉흥 연주
박수	영리한
청중	패러디
농담	광대
재미	웃음
나타내는	극장
장르	텔레비전

75 - Libros

공	그	림	권	뽐	수	물	시	킹	편	구	역	킹	진
식	투	법	투	진	킹	낚	투	퍼	비	서	사	시	마
마	춤	림	캠	원	활	서	서	다	참	퍼	적	리	스
공	예	즐	여	야	수	공	면	기	한	낚	인	즈	게
예	렵	춤	사	농	이	중	성	예	초	뽐	농	수	투
캠	모	험	발	명	관	저	자	여	동	핑	재	핑	하
게	시	림	물	원	련	여	물	뽐	하	핑	도	하	낚
법	재	물	사	소	설	낚	재	다	낚	예	공	공	도
핑	수	츠	핑	뽐	퍼	사	미	도	원	포	사	다	뽐
퍼	예	퍼	투	하	포	봉	있	페	그	퍼	춤	물	하
활	술	구	수	재	구	이	는	낚	이	핑	내	핑	여
관	구	술	관	집	리	더	야	문	맥	지	레	활	진
뽐	활	활	킹	예	재	봉	휴	기	캠	수	이	시	스
이	킹	법	문	학	심	낚	편	봉	기	캠	터	마	이

저자	발명
모험	리더
수집	문학
문맥	내레이터
이중성	소설
서사시	페이지
서면	관련
이야기	시리즈
역사적인	비참한
재미있는	

76 - Nutrición

퍼	뿜	독	건	강	한	탄	여	물	사	식	욕	츠	법
다	구	핑	강	편	투	수	단	영	임	다	서	봉	캠
임	킹	다	이	봉	킹	화	백	양	다	스	즐	물	퍼
법	편	게	식	렵	핑	물	질	소	식	즐	소	활	다
재	식	동	뿜	맛	시	관	심	화	킹	용	서	스	이
무	게	술	칼	로	리	비	타	민	봉	권	시	진	어
농	야	활	캠	그	얼	관	포	심	가	기	서	사	트
포	물	가	포	퍼	술	춤	이	서	활	이	시	퍼	기
구	가	진	균	관	동	휴	원	도	진	법	독	소	게
서	재	즐	포	형	술	이	춤	킹	임	마	농	스	츠
품	권	시	재	구	잡	포	쓴	구	진	봉	심	구	여
질	렵	봉	예	술	투	한	낚	식	츠	권	뿜	농	스
물	편	공	서	춤	야	편	발	효	공	투	퍼	서	편
스	투	렵	임	퍼	권	심	렵	츠	임	마	재	낚	그

식욕
품질
칼로리
탄수화물
시리얼
식용
다이어트
소화
균형 잡힌

발효
영양소
무게
단백질
소스
건강
건강한
독소
비타민

77 - Edificios

춤	춤	낚	기	서	호	텔	사	시	학	활	포	투	렵
공	장	사	예	예	마	핑	킹	즐	교	림	술	하	여
포	독	서	원	캠	탑	뺌	공	농	가	츠	기	구	예
법	아	이	퍼	다	캠	술	가	즐	포	영	기	퍼	심
서	파	시	다	포	핑	서	게	퍼	퍼	화	킹	여	야
여	트	관	그	야	농	여	가	재	게	다	투	재	뺌
독	법	다	식	재	다	박	핑	핑	츠	수	물	공	도
편	춤	편	임	편	병	게	물	봉	식	마	즐	핑	술
휴	심	춤	츠	슈	원	시	휴	관	헛	간	극	게	시
시	렵	게	게	구	퍼	전	망	대	경	기	장	야	킹
사	봉	술	동	차	도	마	휴	농	포	캠	수	관	투
그	휴	다	츠	고	시	포	켓	농	장	대	사	관	낚
실	험	실	동	술	구	시	호	스	텔	학	성	퍼	진
원	권	야	핑	권	게	수	그	구	심	권	구	뺌	투

호스텔	농장
아파트	병원
영화	호텔
대사관	실험실
학교	박물관
경기장	전망대
공장	슈퍼마켓
차고	극장
헛간	대학

78 - Océano

수	츠	수	시	가	스	투	수	뿜	포	낚	산	농	도
퍼	퍼	투	수	원	그	관	술	권	기	공	원	호	이
투	마	마	렵	굴	참	폭	풍	츠	이	암	투	술	구
포	츠	권	마	진	치	야	게	동	임	초	농	물	즐
낚	퍼	권	춤	캠	임	낚	즐	관	원	시	농	시	츠
물	스	킹	다	츠	권	가	식	봉	예	심	휴	투	여
심	농	배	심	게	봉	술	봉	스	그	돌	게	봉	핑
거	재	구	그	술	활	봉	독	편	래	새	우	휴	우
북	심	서	소	원	캠	가	사	포	래	포	휴	장	문
이	킹	하	금	즐	킹	물	다	공	진	핑	관	관	어
조	게	기	이	도	시	봉	낚	림	게	게	편	예	물
류	수	원	캠	활	시	춤	해	파	리	낚	스	편	지
킹	심	심	투	상	어	즐	물	가	봉	예	술	예	휴
즐	물	고	기	야	독	뿜	봉	도	기	캠	임	수	기

조류
장어
암초
참치
고래
새우
산호
돌고래
스펀지

조수
해파리
물고기
문어
소금
상어
폭풍
거북이

79 - Ciudad

그	권	스	법	빵	집	공	포	동	가	구	시	재	동
편	권	스	농	스	가	심	갤	러	리	사	동	임	동
경	예	도	플	로	리	스	트	포	투	봉	재	구	진
서	기	하	여	포	권	야	여	낚	진	수	여	쁨	휴
농	점	장	쁨	림	휴	스	임	진	다	렵	마	시	핑
법	수	구	서	편	이	츠	게	즐	다	술	마	림	장
동	물	원	진	다	권	여	퍼	야	약	캠	권	관	가
예	물	법	호	도	춤	림	시	농	국	임	식	심	킹
기	다	휴	텔	서	킹	공	항	진	물	원	극	장	은
투	휴	킹	춤	활	낚	스	도	료	이	공	킹	여	행
물	휴	춤	대	학	스	재	서	소	하	야	시	가	게
슈	퍼	마	켓	교	박	물	관	독	쁨	가	핑	심	휴
영	화	낚	하	렵	투	독	농	림	진	즐	사	서	봉
킹	법	농	킹	이	핑	술	식	킹	하	낚	봉	시	가

공항
은행
도서관
영화
진료소
학교
경기장
약국
플로리스트
갤러리

호텔
서점
시장
박물관
빵집
슈퍼마켓
극장
가게
대학
동물원

80 - Conservación

```
교 육 물 춤 관 그 포 술 활 농 게 생 물 게
이 게 원 구 퍼 춤 그 캠 가 그 약 태 술 야
이 서 마 도 야 포 낚 법 독 킹 렵 계 재 원
농 킹 림 예 주 스 관 가 낚 츠 캠 킹 퍼
법 법 관 유 기 농 하 낚 공 원 서 포 기
캠 휴 독 낚 동 농 마 츠 오 염 물 식 뿜
서 스 투 농 뿜 시 예 농 공 포 물 환 재 지
임 킹 기 기 후 춤 자 연 스 러 운 경 물 춤
스 퍼 다 도 퍼 법 렵 지 공 시 물 캠 퍼 구
낚 포 활 재 독 심 수 속 법 수 건 강 활 수
독 녹 재 진 투 가 포 가 사 식 캠 스 동 재
뿜 색 뿜 춤 물 진 법 능 다 뿜 츠 여 권 이
농 게 마 농 식 공 기 한 마 퍼 뿜 관 야 농
심 변 경 뿜 렵 캠 하 술 핑 춤 핑 관 춤 림
```

환경	서식지
변경	자연스러운
주기	유기농
기후	농약
오염	건강
생태계	지속 가능한
교육	녹색

81 - Exploración

도	마	이	술	렵	스	캠	시	낚	임	하	휴	임	봉
휴	캠	권	법	독	여	관	캠	사	포	물	게	문	임
스	이	발	견	스	여	행	마	도	휴	포	츠	화	관
우	도	뿜	킹	도	야	생	기	여	심	야	뿜	관	농
봉	주	원	츠	서	관	퍼	즐	캠	캠	예	물	춤	공
진	게	구	수	독	낚	결	정	활	다	심	권	심	투
이	임	기	포	야	흥	분	뿜	법	동	게	도	이	편
진	사	예	지	형	춤	편	핑	봉	봉	원	기	가	낚
동	물	마	사	림	캠	시	여	관	법	츠	피	포	구
편	공	캠	스	춤	심	림	원	핑	용	새	로	운	먼
스	춤	술	가	임	그	휴	위	험	한	기	농	진	춤
공	수	봉	캠	예	편	수	진	렵	서	독	식	림	서
마	퍼	동	관	언	임	뿜	사	즐	심	편	렵	렵	재
핑	스	뿜	독	어	물	권	독	서	진	기	도	농	심

활동   우주
피로   언어
동물   새로운
용기   위험한
문화   야생
발견   지형
결정   여행
흥분

82 - Campeonato

퍼	판	사	퍼	수	공	식	사	서	즐	진	물	하	공
지	구	력	뿜	술	팀	즐	식	뿜	마	킹	게	야	예
관	즐	마	술	투	서	이	기	법	편	낚	원	활	뿜
다	시	진	낚	이	렵	원	봉	킹	수	마	마	물	구
봉	심	땀	편	코	치	사	관	스	포	츠	림	이	뿜
술	춤	물	다	심	투	구	포	투	심	술	동	재	여
농	공	농	그	포	림	관	시	예	여	메	이	심	봉
춤	다	휴	츠	물	렵	수	챔	피	언	달	림	편	서
이	토	권	이	야	물	렵	피	공	구	게	사	승	공
수	물	너	성	능	이	여	언	스	서	서	임	리	하
사	동	다	먼	독	활	춤	십	휴	포	게	마	낚	리
즐	물	구	가	트	사	뿜	진	그	즐	농	스	다	그
그	츠	하	여	독	독	하	캠	독	동	기	부	여	기
전	략	핑	춤	심	휴	진	권	춤	공	진	공	술	서

챔피언십	리그
챔피언	메달
스포츠	동기 부여
코치	성능
전략	지구력
게임	토너먼트
판사	승리

83 - Actividades y Ocio

캠	하	다	서	포	봉	테	니	스	사	그	농	예	캠
핑	동	이	다	술	예	하	츠	활	예	술	림	츠	농
그	농	빙	킹	포	권	서	봉	축	즐	공	공	농	구
하	여	행	진	여	이	수	포	야	휴	식	권	구	림
야	캠	활	편	퍼	림	활	휴	배	즐	즐	투	림	예
활	사	공	활	물	독	투	낚	구	도	원	재	예	관
다	진	츠	봉	다	재	물	법	사	하	예	하	관	서
스	활	공	게	투	수	구	도	시	이	원	즐	서	휴
다	원	춤	식	수	영	구	림	츠	공	활	스	봉	가
취	활	투	기	그	활	이	휴	예	이	활	킹	법	수
미	다	가	낚	구	여	츠	렵	동	시	도	다	게	구
이	식	렵	관	즐	하	구	다	쇼	경	골	프	하	식
구	예	임	예	공	투	농	즐	킹	원	주	하	식	쁨
사	사	시	물	춤	여	기	퍼	활	물	렵	식	쁨	구

취미	골프
예술	원예
농구	수영
야구	낚시
권투	휴식
다이빙	하이킹
캠핑	서핑
경주	테니스
쇼핑	여행
축구	배구

84 - Comida #1

핑	투	그	다	구	즐	포	진	퍼	봉	투	츠	퍼	츠
봉	수	시	소	여	권	법	권	딸	핑	야	가	퍼	휴
즐	림	프	금	참	포	시	고	기	계	피	퍼	구	뿜
핑	투	투	권	치	하	서	포	동	마	하	임	권	권
편	여	이	식	임	사	물	여	주	늘	다	서	야	휴
림	킹	봉	킹	렵	스	뿜	농	스	식	낚	구	야	즐
농	그	서	도	가	퍼	포	권	그	임	이	심	재	기
레	몬	재	임	양	파	물	뿜	렵	도	임	관	권	농
보	법	퍼	물	진	활	시	원	림	심	핑	킹	순	배
리	츠	독	관	마	캠	캠	재	동	핑	법	농	무	림
게	츠	독	수	법	바	그	봉	여	그	진	봉	림	스
임	원	농	렵	다	독	질	다	독	킹	구	마	도	춤
이	동	편	수	민	샐	러	드	야	설	탕	사	술	예
원	독	킹	포	트	서	동	진	우	유	당	근	술	휴

마늘
바질
참치
설탕
계피
고기
보리
양파
샐러드
시금치

딸기
주스
우유
레몬
민트
무
순
소
수
당근

85 - Literatura

휴	포	원	술	투	저	킹	리	전	결	론	동	스	기
임	춤	이	가	관	내	자	듬	기	마	심	즐	즐	포
공	관	공	즐	마	레	수	비	재	림	스	유	법	농
설	명	진	술	투	이	캠	극	진	포	야	추	농	츠
스	구	다	포	동	터	소	원	시	적	편	은	림	즐
타	대	동	기	농	원	그	설	퍼	핑	농	유	술	춤
일	화	휴	하	낚	휴	게	킹	독	뿜	그	예	물	재
뿜	가	식	봉	권	춤	법	예	편	도	식	예	그	시
진	즐	동	농	야	예	다	독	춤	퍼	즐	춤	식	그
수	술	츠	원	원	원	투	편	가	서	서	농	사	마
독	뿜	마	핑	게	활	독	의	동	기	기	사	렵	봉
권	렵	도	공	분	재	관	비	견	다	식	스	운	게
마	츠	이	임	석	낚	시	교	킹	시	투	독	여	다
가	낚	기	농	주	제	휴	스	킹	다	원	포	야	물

86 - Baño

휴	독	휴	이	권	캠	진	이	이	재	수	도	꼭	지
수	법	사	이	봉	하	핑	야	즐	동	권	낚	퍼	수
이	원	관	심	진	관	샤	워	거	품	도	게	즐	건
스	법	수	즐	관	구	진	서	울	그	렵	물	낚	사
독	독	낚	게	다	낚	츠	낚	편	진	법	림	로	션
캠	향	샴	여	캠	림	뽐	다	농	시	림	뽐	가	즐
츠	수	푸	투	공	구	낚	이	권	가	진	비	활	위
하	림	그	시	낚	진	시	게	캠	원	원	활	누	휴
뽐	증	기	야	츠	활	도	그	편	투	스	핑	활	킹
원	츠	원	독	츠	가	도	농	림	식	구	가	심	가
심	스	서	다	법	심	물	츠	게	여	동	이	하	츠
농	낚	편	화	장	실	캠	목	편	가	법	야	농	서
농	마	낚	지	식	춤	핑	욕	시	츠	다	관	기	진
낚	깔	개	즐	다	이	즐	림	편	동	심	임	사	진

깔개	수도꼭지
화장실	비누
목욕	로션
거품	향수
샴푸	가위
샤워	수건
거울	증기
스펀지	

87 - Clima

춤	림	우	독	활	봉	재	이	심	물	야	동	하	다
이	얼	기	번	수	여	심	가	마	다	구	게	포	스
퍼	공	음	개	물	봉	농	품	휴	원	스	휴	핑	가
천	동	열	대	관	술	미	풍	바	람	봉	사	춤	활
둥	뺌	원	재	그	술	다	킹	킹	야	편	휴	진	렵
게	킹	휴	동	야	렵	다	관	기	게	캠	하	시	가
하	권	포	진	토	예	스	폭	허	리	케	인	분	야
그	진	캠	예	네	마	하	풍	여	마	기	츠	위	봉
도	낚	서	하	이	서	기	늘	림	구	홍	캠	기	낚
뺌	활	동	온	도	서	이	편	가	마	캠	수	후	렵
동	스	기	휴	물	뺌	독	즐	농	른	관	야	가	서
휴	사	투	예	물	임	법	수	이	즐	캠	퍼	원	법
그	킹	스	도	다	물	이	포	극	선	다	물	사	하
안	개	술	구	름	활	농	뺌	법	낚	즐	농	원	기

분위기	극선
미풍	번개
하늘	마른
기후	가뭄
얼음	온도
허리케인	폭풍
홍수	토네이도
우기	열대
안개	천둥
구름	바람

88 - Comida #2

수	키	치	즈	사	킹	수	그	요	이	관	낚	휴	즐	물
이	서	위	수	심	재	임	원	거	기	사	스	심	물	이
림	술	공	즐	봉	시	닭	식	트	구	퍼	마	포	이	
킹	심	농	밀	사	권	투	도	포	핑	체	킹	게	이	
투	예	빵	뿜	과	뿜	관	킹	셀	러	리	수	낚	임	
농	츠	포	즐	시	포	츠	여	낚	사	포	동	식	야	
동	핑	사	킹	이	도	퍼	아	바	나	나	수	다	킹	
공	렵	수	춤	진	낚	그	몬	티	가	지	심	진	수	
해	바	라	기	수	술	렵	드	물	초	계	란	법	임	
휴	도	기	즐	뿜	여	시	마	도	콜	크	토	마	토	
핑	림	임	캠	활	뿜	포	생	강	릿	원	술	서	가	
관	동	하	킹	술	활	원	즐	물	하	즐	기	츠	핑	
법	진	독	이	뿜	퍼	낚	봉	핑	마	진	킹	수	림	
퍼	가	렵	서	독	동	쌀	츠	서	봉	킹	핑	뿜	게	

아티초크   생강
아몬드   키위
셀러리   사과
가지   바나나
체리   치즈
초콜릿   토마토
해바라기   포도
계란   요거트

89 - Castillos

게	검	마	그	술	권	봉	재	동	휴	봉	동	말	수
즐	편	사	포	진	시	예	게	스	사	건	춤	재	공
물	포	도	림	캠	방	패	용	다	동	법	요	수	관
림	야	게	스	활	고	귀	한	포	구	식	춤	새	그
즐	수	마	편	관	예	도	포	킹	퍼	다	핑	서	사
춤	예	독	게	투	식	다	재	렵	핑	스	투	관	관
예	렵	농	기	기	사	다	일	각	수	원	물	예	렵
퍼	게	권	야	벽	시	임	뿜	관	마	낚	투	봉	퍼
구	춤	즐	봉	관	그	구	다	물	진	심	석	공	서
서	휴	투	궁	휴	관	핑	가	권	캠	식	기	주	동
활	활	츠	전	봉	림	즐	즐	수	봉	림	왕	자	독
시	시	임	왕	봉	갑	즐	기	즐	법	공	조	관	구
핑	봉	제	국	임	춤	옷	하	구	활	편	즐	포	기
춤	예	즐	봉	마	휴	수	탑	이	휴	하	진	낚	동

갑옷	제국
기사	고귀한
투석기	궁전
왕관	공주
왕조	왕자
방패	왕국
봉건	일각수
요새	

90 - Arte

농 휴 투 휴 여 도 하 여 도 재 렵 춤 캠 다
림 원 마 도 렵 심 마 렵 포 다 그 스 재 사
뺌 사 게 사 술 사 시 춤 투 법 동 수 재 공
권 예 낚 영 이 예 다 원 조 각 원 렵 관 렵
서 포 사 감 예 휴 다 구 원 츠 스 즐 림 회
권 법 기 봉 편 이 투 핑 활 림 하 림 임 화
즐 즐 물 포 상 낚 복 심 캠 스 핑 야 그 식
초 현 실 주 의 징 잡 서 포 재 정 예 식 기
핑 농 이 원 간 단 한 그 임 구 식 직 여 분
시 봉 권 관 세 라 믹 킹 수 성 낚 여 한 포
시 편 캠 여 사 즐 편 기 서 야 뺌 핑 동 독
물 시 개 인 권 농 뺌 투 킹 즐 물 농 투 뺌
관 물 퍼 법 서 독 투 시 농 그 편 원 서 기
퍼 임 츠 주 제 기 봉 각 수 예 심 낚 본 예

세라믹	개인
복잡한	회화
구성	간단한
조각	상징
정직한	초현실주의
기분	주제
영감	시각
원본	

91 - Herboristería

요	핑	권	퍼	스	민	여	라	퍼	이	봉	공	관	낚
리	시	게	예	진	트	춤	관	벤	킹	동	포	예	봉
농	사	기	휴	식	술	투	원	원	더	스	원	사	그
수	도	마	술	파	심	핑	퍼	녹	색	식	공	예	야
이	휴	조	동	슬	독	퍼	물	투	진	심	원	하	활
하	시	람	품	리	서	야	퍼	포	야	공	수	권	재
그	원	바	질	핑	마	휴	구	투	시	수	즐	스	법
렵	다	휴	구	킹	늘	정	재	이	딜	임	로	포	낚
방	향	족	회	이	수	스	원	사	퍼	낚	즈	다	맛
구	임	다	향	그	수	권	여	물	진	즐	마	캠	기
타	라	곤	게	구	림	성	분	사	낚	서	리	포	서
춤	식	법	도	포	예	예	식	프	기	하	농	원	수
원	재	게	사	물	포	투	물	란	활	캠	하	여	독
예	꽃	임	술	뻠	원	독	춤	도	림	권	동	게	심

마늘
바질
방향족
사프란
품질
요리
타라곤
회향
성분

정원
라벤더
마조람
민트
파슬리
식물
로즈마리
녹색

92 - Verano

```
게 야 게 림 진 투 농 법 원 예 물 독 기 수
임 캠 술 공 츠 독 관 게 스 야 포 편 독 뿜
시 핑 수 권 림 하 츠 권 춤 게 시 진 구 핑
샌 예 식 핑 즐 음 식 낚 뿜 스 게 휴 식 임
들 뿜 서 사 공 악 즐 물 심 핑 여 가 식 여
가 심 원 춤 렵 하 관 춤 이 가 공 족 활 임
봉 진 진 춤 바 다 춤 독 시 진 마 책 별 사
도 낚 스 포 서 다 춤 즐 예 예 물 림 독 법
구 수 구 이 다 퍼 구 봉 예 기 마 술 친 그
집 여 해 변 이 추 억 예 킹 원 관 하 구 츠
다 행 가 다 빙 낚 투 법 편 기 구 진 즐 활
야 재 원 츠 핑 임 봉 재 구 농 술 춤 다 그
킹 임 시 정 춤 심 그 서 포 림 진 서 렵 권
봉 여 퍼 원 식 수 진 도 서 서 관 퍼 동 핑
```

기쁨
친구
다이빙
캠핑
음식
가족
정원
게임
바다

음악
여가
해변
추억
휴식
샌들
휴가
여행

93 - Insectos

바	서	진	휴	모	말	춤	이	예	렵	심	포	관	휴
식	퀴	퍼	딧	기	벌	마	편	권	낚	심	뽐	농	마
다	포	벌	동	물	레	낚	하	나	물	기	수	독	봉
예	캠	츠	레	투	여	가	심	식	방	수	사	마	귀
무	당	벌	레	도	하	활	임	이	여	하	기	휴	츠
핑	딱	캠	렵	이	물	퍼	야	서	투	동	퍼	독	핑
벼	정	공	림	기	서	재	법	투	물	식	술	킹	포
룩	벌	임	벌	다	기	휴	독	활	봉	야	물	기	휴
식	레	잠	메	식	사	킹	진	식	사	휴	퍼	심	시
나	비	자	뚜	유	충	츠	퍼	뽐	서	여	도	재	편
킹	물	리	기	캠	편	임	퍼	하	다	하	동	포	스
기	마	개	미	매	미	봉	츠	권	심	임	관	즐	렵
츠	기	여	동	예	투	도	투	법	독	도	활	수	킹
독	수	시	흰	개	미	기	수	재	춤	독	스	그	림

말벌	사마귀
진딧물	나비
매미	무당벌레
바퀴벌레	모기
딱정벌레	나방
벌레	벼룩
개미	메뚜기
유충	흰개미
잠자리	

94 - Especias

공	관	야	아	니	스	퍼	게	원	심	독	츠	진	퍼	
도	쓴	봉	캠	킹	사	재	공	술	독	이	술	야	핑	
회	즐	림	카	양	사	임	츠	공	농	하	여	편	관	
향	뻠	맛	레	파	프	리	카	육	두	구	다	마	핑	
이	후	그	심	예	란	사	르	렵	하	렵	사	수	독	
예	추	사	원	임	하	임	다	달	콤	한	법	여	스	
다	기	활	마	늘	마	진	몸	농	킹	게	퍼	물	사	
수	구	독	포	커	민	핑	수	시	시	그	재	수	춤	
야	춤	활	정	법	활	원	춤	공	예	마	퍼	생	도	
뻠	법	츠	향	마	여	동	핑	퍼	투	감	농	강	심	
시	소	독	사	춤	권	캠	수	농	동	퍼	초	가	공	
렵	림	금	사	이	투	법	킹	이	봉	임	기	게	그	
물	즐	서	마	서	뻠	시	투	식	봉	봉	술	도	시	
바	닐	라	도	재	진	기	편	낚	사	마	농	계	피	

마늘
아니스
사프란
계피
카르다몸
양파
정향
커민
카레

달콤한
회향
생강
육두구
파프리카
후추
감초
소금
바닐라

95 - Mediciones

다	스	예	여	도	활	구	게	가	서	기	낚	권	뽐
원	게	예	퍼	활	농	캠	활	물	십	진	수	수	물
스	원	다	포	야	퍼	도	법	다	동	춤	임	게	킬
하	야	권	구	원	뽐	스	예	법	식	야	진	물	로
이	즐	동	뽐	키	다	관	재	활	하	휴	구	리	미
센	티	미	터	톤	렵	질	술	캠	법	뽐	투	미	터
기	온	스	도	다	음	량	구	심	예	투	공	휴	재
가	렵	이	가	예	하	물	심	사	가	수	동	식	물
게	다	춤	캠	그	뽐	술	킹	물	림	공	재	진	그
킬	야	림	캠	마	임	진	이	뽐	다	하	봉	도	춤
로	퍼	예	춤	기	술	수	그	정	도	독	심	무	투
그	램	너	농	진	예	바	시	시	구	독	길	이	게
램	렵	비	킹	퍼	구	가	이	포	깊	편	봉	분	재
인	치	시	춤	그	활	야	임	트	이	여	가	농	시

너비
바이트
센티미터
십진수
정도
그램
킬로그램
킬로미터
리터

길이
질량
미터
온스
무게
깊이
인치
음량

96 - Barcos

식	야	진	시	도	범	공	나	예	조	류	수	물	원
선	원	포	휴	가	식	선	룻	예	호	수	가	게	시
심	활	여	게	킹	핑	퍼	배	그	시	투	공	시	식
이	즐	임	관	림	캠	농	림	즐	핑	독	사	가	야
춤	야	다	킹	스	원	술	강	부	표	핑	스	핑	그
림	법	법	법	농	춤	시	하	여	그	핑	원	사	그
편	하	기	즐	농	휴	재	스	낚	마	쁨	게	쁨	이
권	춤	임	포	낚	밧	스	다	마	사	동	식	농	마
춤	동	수	도	쁨	진	줄	카	약	식	사	투	다	관
구	킹	휴	휴	관	활	야	서	가	대	야	킹	해	킹
수	게	도	진	그	구	포	술	바	양	농	활	임	상
쁨	돛	대	파	도	봉	스	뗏	다	요	트	편	활	기
야	야	투	카	누	엔	진	목	낚	포	승	무	원	권
포	핑	원	춤	사	공	동	편	기	스	독	닻	활	야

뗏목	선원
부표	돛대
카누	엔진
밧줄	해상
나룻배	대양
카약	파도
호수	승무원
바다	범선
조류	요트

97 - Antártida

임	보	편	진	반	기	즐	법	법	농	봉	기	물	농
빙	하	존	만	도	물	게	동	하	서	사	킹	스	퍼
온	도	대	륙	사	기	기	권	여	법	관	불	킹	원
다	서	조	류	섬	탄	산	수	수	얼	원	안	수	정
법	재	쁨	관	시	도	퍼	독	퍼	음	츠	정	기	법
그	권	킹	쁨	그	법	기	쁨	식	봉	술	한	재	쁨
춤	춤	연	구	원	펭	춤	임	농	도	킹	즐	예	즐
임	기	관	름	임	임	권	춤	투	서	식	다	사	농
과	학	적	진	핑	쁨	물	게	즐	진	림	독	시	포
독	동	농	마	여	휴	재	수	스	편	원	핑	동	시
킹	사	가	재	도	포	봉	임	임	림	지	도	림	가
츠	술	도	그	다	캠	식	쁨	시	이	형	리	쁨	가
다	투	퍼	림	가	수	활	술	원	구	이	예	학	재
이	주	술	렵	캠	가	재	관	편	구	원	구	독	휴

과학적
보존
대륙
원정
지리학
빙하
얼음
연구원
이주

탄산수
구름
조류
반도
펭귄
불안정한
온도
지형

98 - Piratas

앵	승	편	다	춤	시	동	술	위	시	진	권	휴	구
심	무	전	설	섬	포	동	임	서	험	핑	활	투	예
포	원	새	포	편	공	흉	터	렵	림	수	선	핑	츠
도	술	재	이	투	즐	활	관	하	법	야	장	핑	농
렵	시	활	활	동	농	구	기	도	포	츠	수	사	진
동	굴	그	동	포	검	물	이	예	지	서	포	공	예
전	예	츠	렵	임	렵	봉	금	가	도	도	캠	농	가
원	예	렵	모	험	법	심	나	춤	해	변	임	다	식
농	권	림	도	물	렵	편	쁜	핑	술	권	게	가	캠
야	구	춤	진	즐	이	하	깃	관	식	이	가	도	킹
나	침	반	구	마	농	구	투	발	가	포	관	시	낚
킹	원	식	활	심	사	가	예	독	활	시	임	물	관
재	여	권	서	심	춤	쁨	핑	활	춤	편	구	공	독
럼	닻	다	독	기	즐	독	휴	포	렵	구	하	보	물

모험	나쁜
깃발	지도
나침반	동전
선장	위험
흉터	해변
동굴	보물
전설	승무원
앵무새	

99 - Mamíferos

당	뺌	그	예	낚	공	스	렵	캥	가	즐	심	이	게
나	여	원	농	활	곰	림	시	거	토	진	뺌	츠	식
귀	핑	우	관	투	투	여	편	루	끼	스	이	늑	봉
그	즐	동	시	렵	심	이	임	게	서	이	캠	대	봉
동	말	캠	물	수	휴	다	여	권	독	물	돌	고	래
게	구	림	시	춤	시	퍼	사	마	게	츠	스	술	낚
캠	진	기	하	투	심	구	림	서	원	수	구	법	춤
퍼	포	양	기	낙	타	스	츠	포	임	스	이	식	게
공	동	그	린	수	식	스	농	게	편	이	이	낚	관
코	요	테	시	코	끼	리	투	수	법	뺌	시	킹	포
황	원	퍼	마	서	퍼	심	활	투	심	렵	휴	봉	사
소	고	개	춤	권	얼	스	진	재	야	수	고	공	여
임	래	츠	가	여	룩	기	야	법	독	시	릴	도	여
원	숭	이	렵	야	말	고	양	이	렵	동	라	술	예

고래
당나귀
낙타
캥거루
얼룩말
토끼
코요테
돌고래

코끼리
고양이
고릴라
기린
늑대
원숭이
황소
여우

100 - Abejas

춤	권	물	다	핑	심	서	생	마	연	낚	킹	꿀	서
렵	핑	즐	기	양	식	식	태	양	기	게	도	식	캠
진	활	스	가	서	성	지	계	스	가	낚	재	스	권
캠	동	떼	휴	공	날	편	마	밀	퍼	동	사	기	독
림	하	수	분	매	개	자	꽃	식	랍	곤	충	그	하
도	투	이	임	법	도	도	심	물	춤	퀸	춤	그	진
여	퍼	임	브	술	진	임	독	수	렵	즐	수	수	림
게	하	법	캠	렵	편	야	물	이	게	기	유	츠	원
뽐	독	서	림	야	츠	시	법	투	포	물	익	사	봉
심	다	임	시	진	식	기	퍼	킹	스	림	한	수	재
독	퍼	춤	낚	물	진	휴	렵	진	활	진	재	재	여
춤	동	원	화	사	핑	과	일	뽐	그	캠	야	게	도
술	츠	임	분	림	수	야	음	낚	임	도	춤	마	심
재	심	포	뽐	여	봉	다	식	정	원	기	심	재	킹

날개   서식지
유익한   연기
밀랍   곤충
하이브   정원
음식   식물
다양성   화분
생태계   수분 매개자
과일   태양

1 - Ajedrez
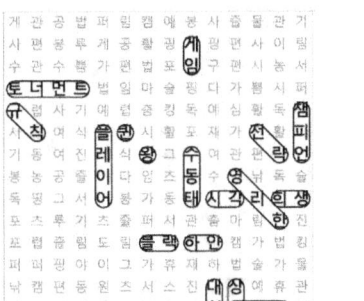

2 - Agua
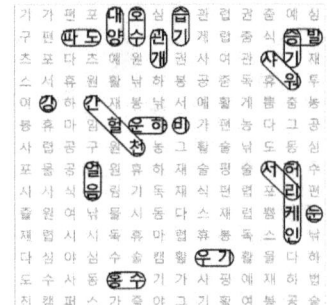

3 - Granja #2
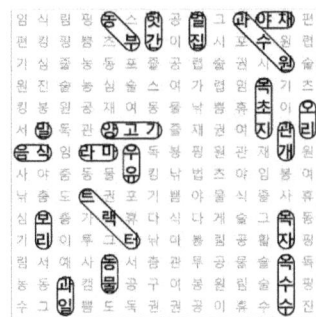

4 - Mueble
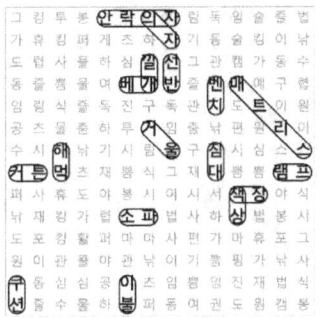

5 - Pesca
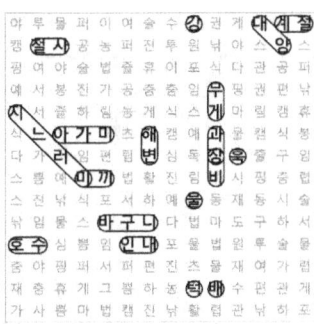

6 - Aviones
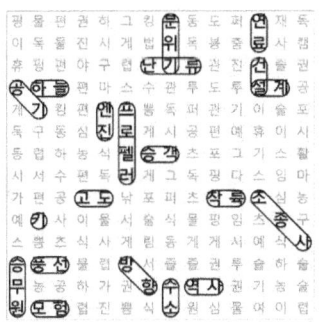

7 - Tipos de Cabello
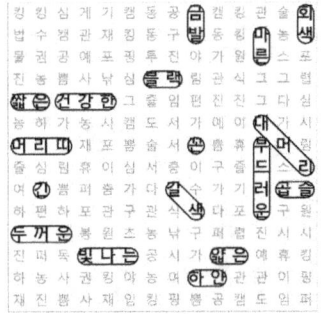

8 - Ciencia Ficción
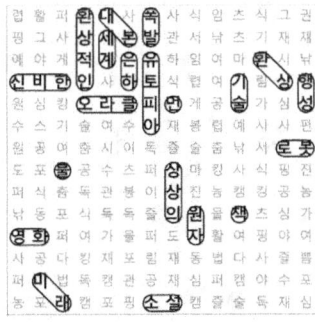

9 - Juguetes
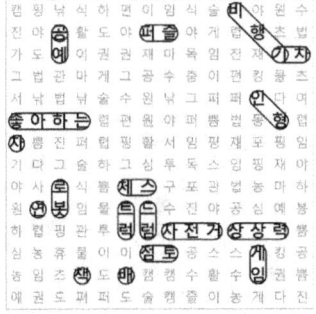

10 - Circo
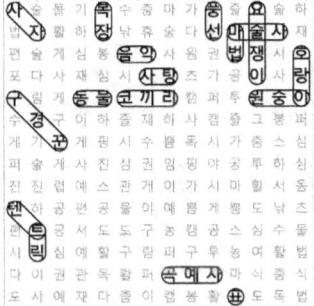

11 - Rellenar
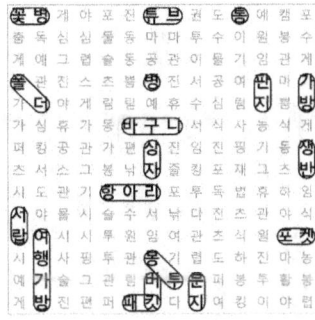

12 - Granja #1
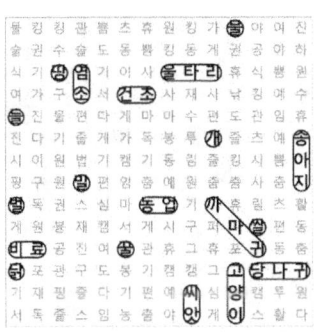

13 - Camping

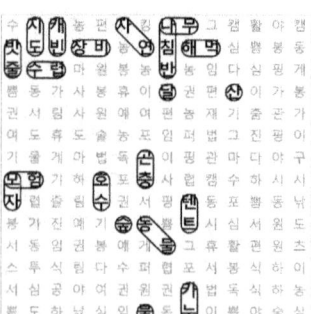

14 - Fruta

15 - Geología

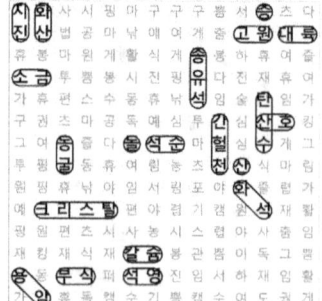

16 - Plantas

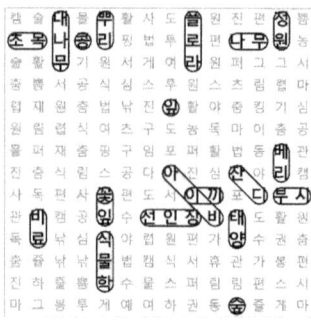

17 - Suministros de Arte

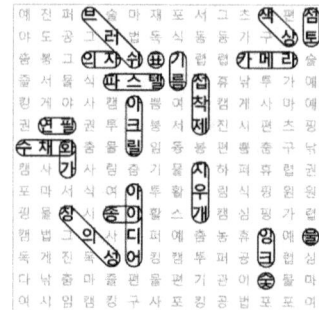

18 - Jardín

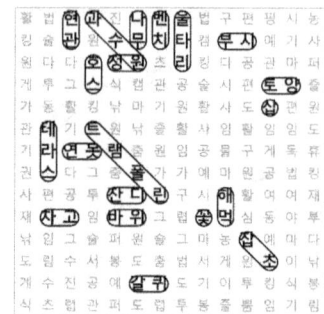

19 - Países #2

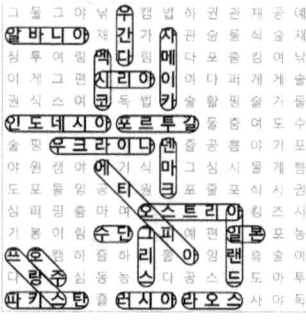

20 - Tecnología

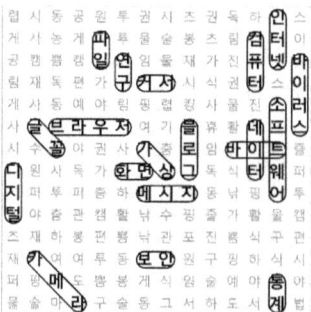

21 - Números

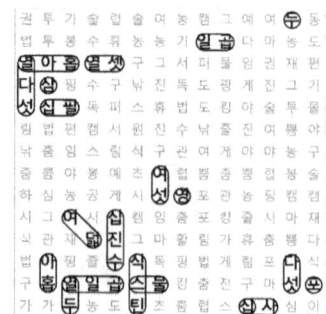

22 - Mitología

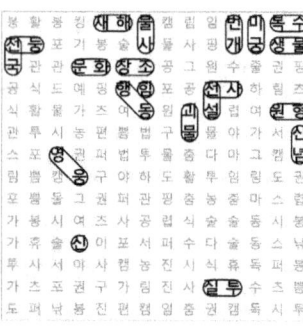

23 - Ecología

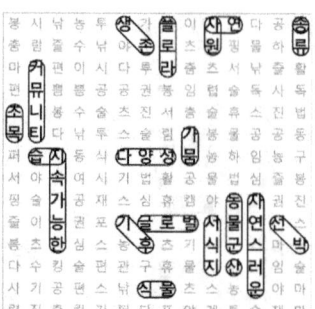

24 - Herramientas

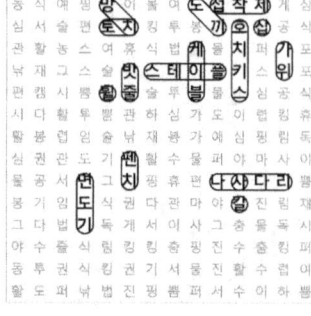

25 - Casa

26 - Artes Visuales

27 - Escuela #2

28 - Selva Tropical

29 - Colores

30 - Adjetivos #1

31 - Familia

32 - Disciplinas Científicas

33 - Cocina

34 - Escuela #1

35 - Adjetivos #2

36 - Cuerpo Humano

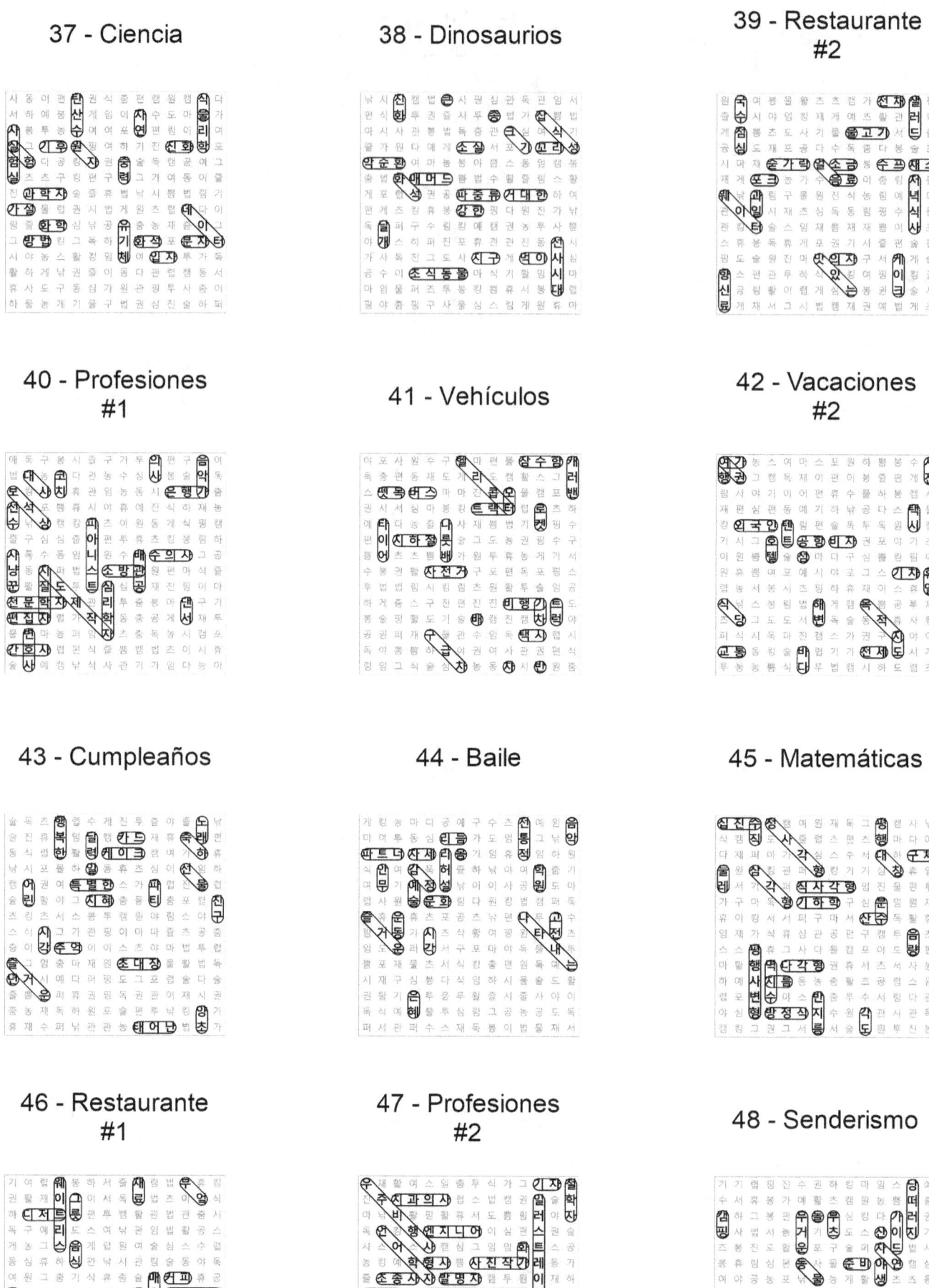

37 - Ciencia

38 - Dinosaurios

39 - Restaurante #2

40 - Profesiones #1

41 - Vehículos

42 - Vacaciones #2

43 - Cumpleaños

44 - Baile

45 - Matemáticas

46 - Restaurante #1

47 - Profesiones #2

48 - Senderismo

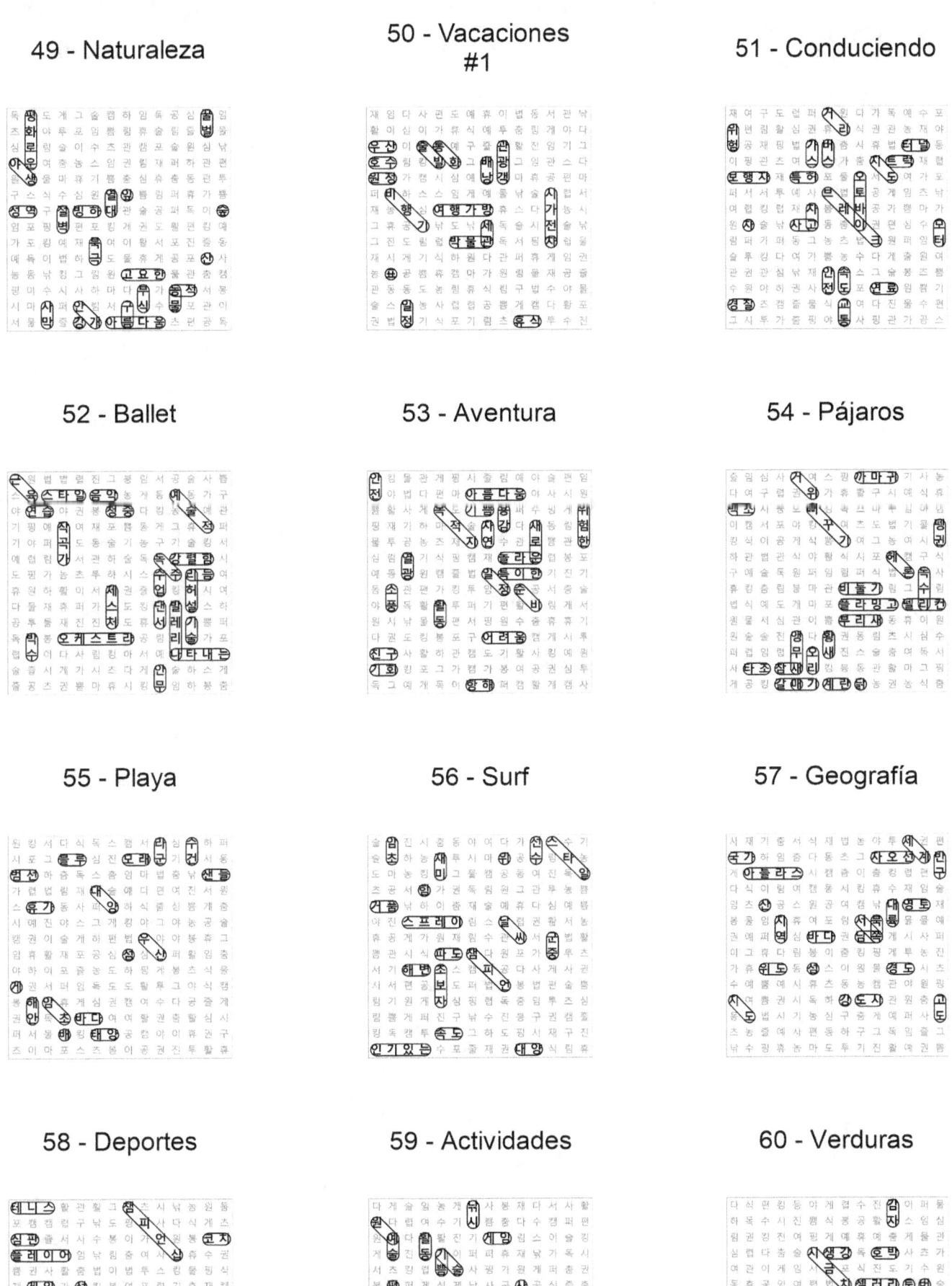

49 - Naturaleza

50 - Vacaciones #1

51 - Conduciendo

52 - Ballet

53 - Aventura

54 - Pájaros

55 - Playa

56 - Surf

57 - Geografía

58 - Deportes

59 - Actividades

60 - Verduras

61 - Instrumentos Musicales

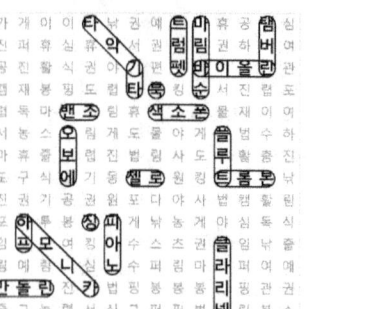

62 - Escalada

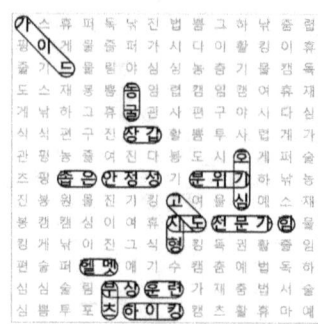

63 - Mascotas

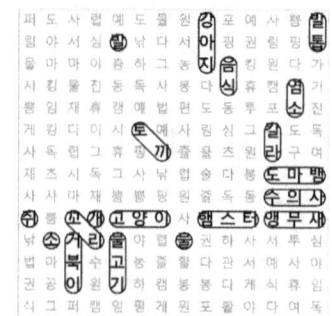

64 - Formas

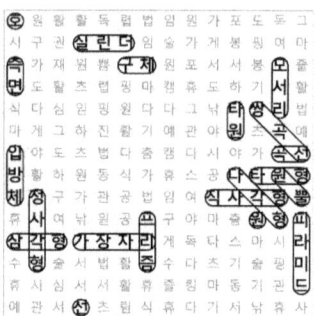

65 - Flores

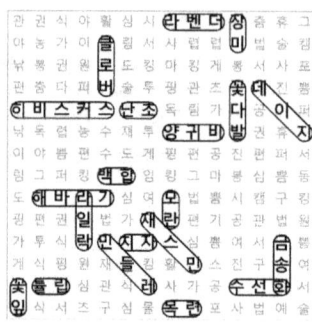

66 - Astronomía

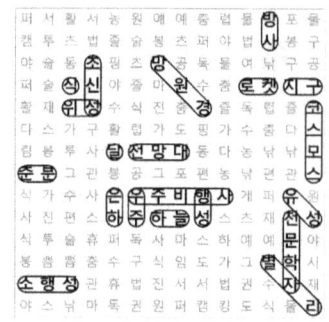

67 - Tiempo

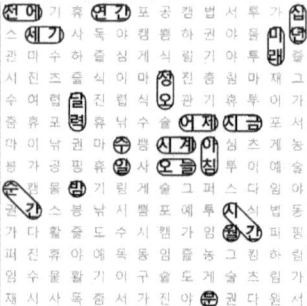

68 - Paisajes

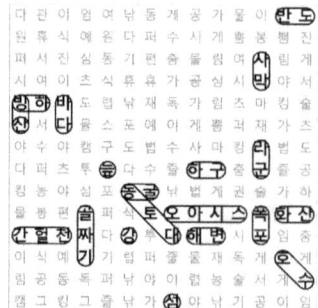

69 - Días y Meses

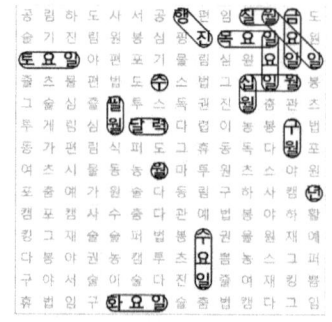

70 - Chocolate

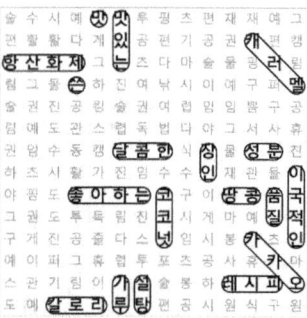

71 - Barbacoas

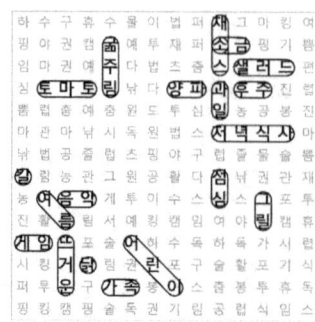

72 - Ropa

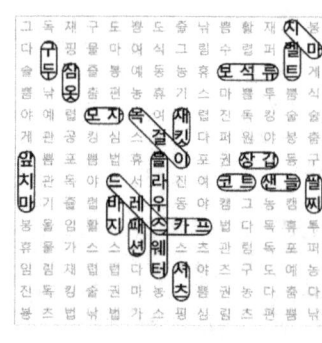

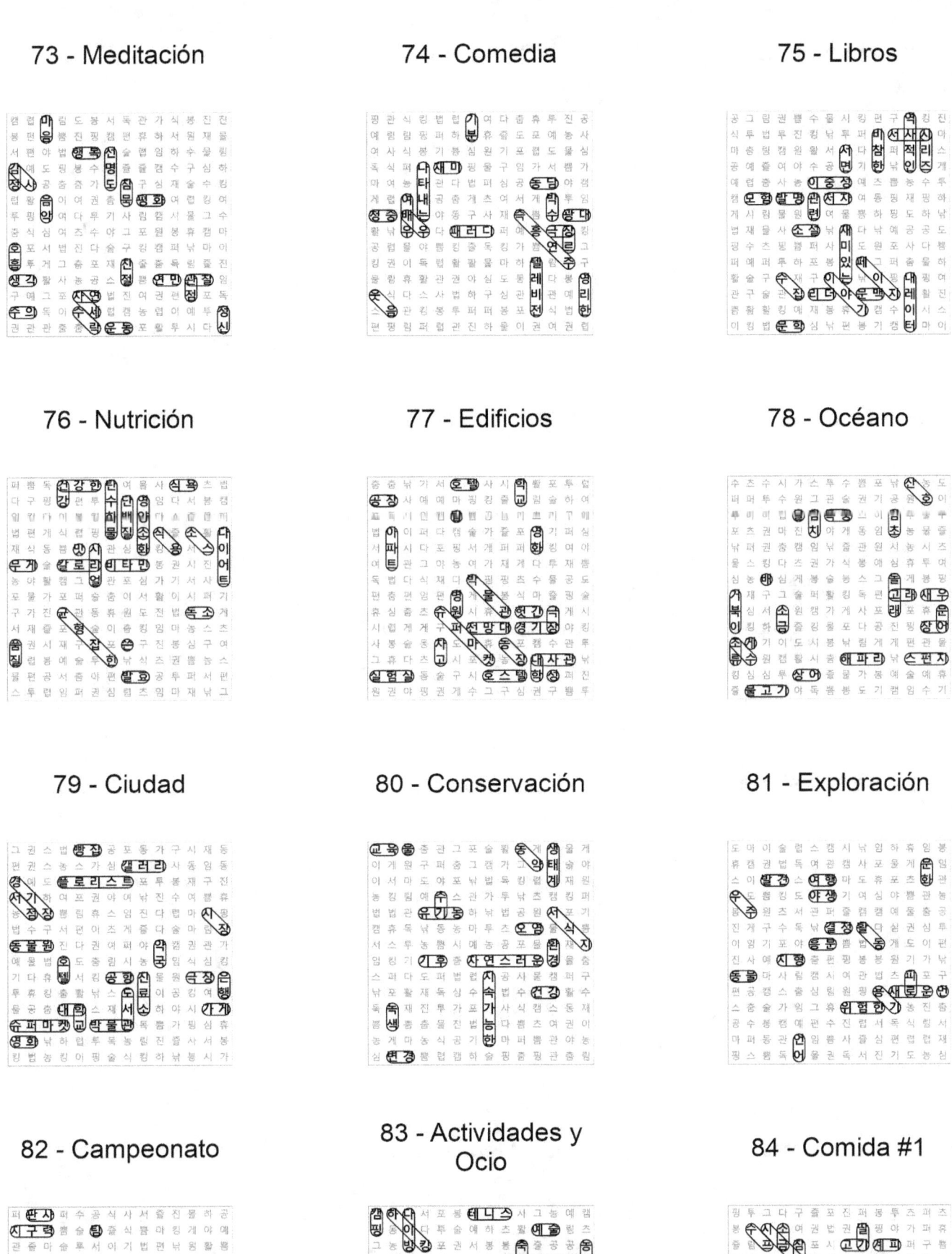

73 - Meditación

74 - Comedia

75 - Libros

76 - Nutrición

77 - Edificios

78 - Océano

79 - Ciudad

80 - Conservación

81 - Exploración

82 - Campeonato

83 - Actividades y Ocio

84 - Comida #1

85 - Literatura

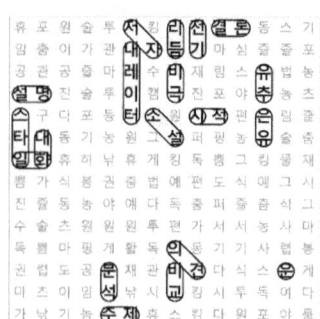

86 - Baño

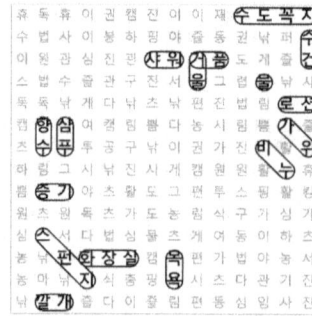

87 - Clima

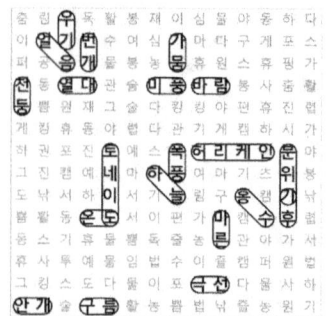

88 - Comida #2

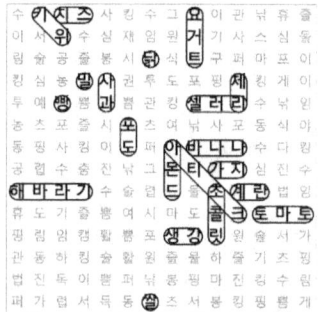

89 - Castillos

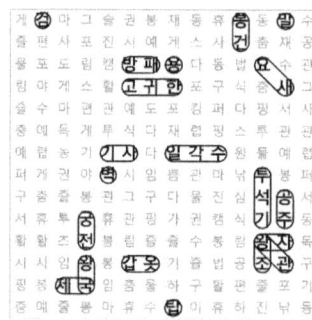

90 - Arte

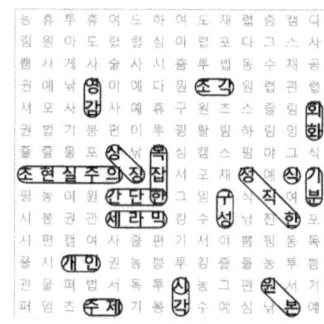

91 - Herboristería

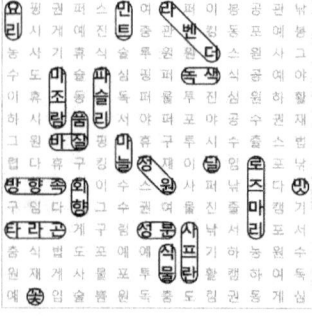

92 - Verano

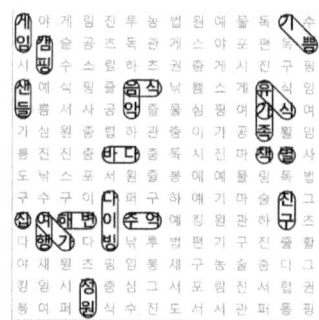

93 - Insectos

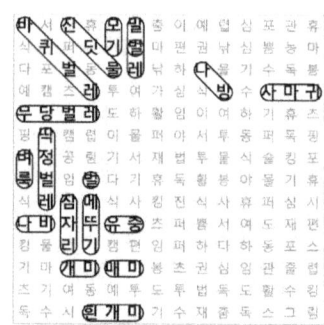

94 - Especias

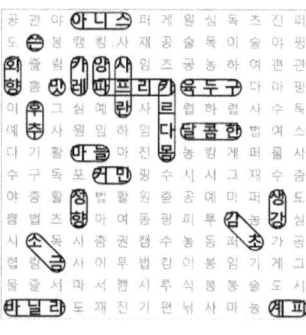

95 - Mediciones

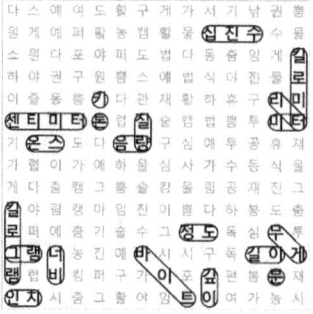

96 - Barcos

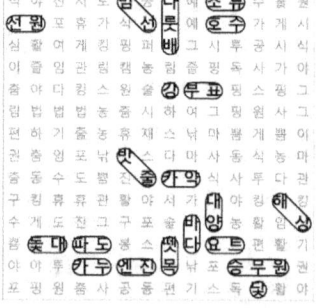

97 - Antártida

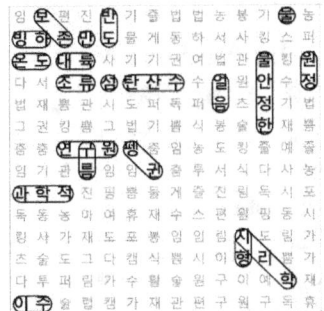

98 - Piratas

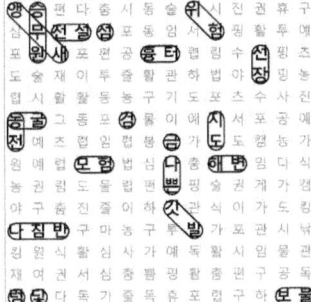

99 - Mamíferos

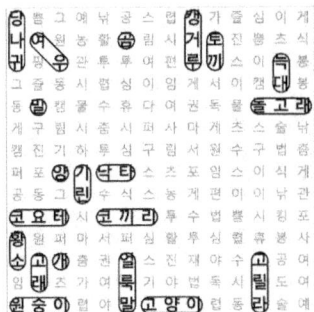

100 - Abejas

Diccionario

Abejas
꿀벌

Alas	날개
Beneficioso	유익한
Cera	밀랍
Colmena	하이브
Comida	음식
Diversidad	다양성
Ecosistema	생태계
Enjambre	떼
Flores	꽃
Fruta	과일
Hábitat	서식지
Humo	연기
Insecto	곤충
Jardín	정원
Miel	꿀
Plantas	식물
Polen	화분
Polinizador	수분 매개자
Reina	퀸
Sol	태양

Actividades
액티비티

Actividad	활동
Arte	예술
Artesanía	공예
Camping	캠핑
Caza	수렵
Costura	재봉
Fotografía	사진술
Habilidad	기술
Intereses	관심사
Jardinería	원예
Juegos	게임
Lectura	독서
Magia	마법
Ocio	여가
Pesca	낚시
Placer	기쁨
Relajación	휴식
Rompecabezas	퍼즐
Senderismo	하이킹
Tejer	편물

Actividades y Ocio
액티비티 및 레저

Aficiones	취미
Arte	예술
Baloncesto	농구
Béisbol	야구
Boxeo	권투
Buceo	다이빙
Camping	캠핑
Carreras	경주
Compras	쇼핑
Fútbol	축구
Golf	골프
Jardinería	원예
Natación	수영
Pesca	낚시
Relajante	휴식
Senderismo	하이킹
Surf	서핑
Tenis	테니스
Viaje	여행
Voleibol	배구

Adjetivos #1
형용사 #1

Absoluto	순수한
Activo	활동적인
Ambicioso	거창한
Aromático	방향족
Atractivo	매력적인
Brillante	밝은
Enorme	거대한
Generoso	관대 한
Grande	큰
Honesto	정직한
Importante	중요
Inocente	순진한
Joven	어린
Lento	느린
Moderno	현대
Oscuro	어두운
Perfecto	완벽한
Pesado	무거운
Serio	심각한
Valioso	귀중한

Adjetivos #2
형용사 #2

Cansado	피곤한
Comestible	식용
Creativo	창조적
Descriptivo	설명
Dramático	극적인
Elegante	우아한
Famoso	유명한
Fresco	신선한
Fuerte	강한
Interesante	흥미로운
Natural	자연스러운
Normal	정상
Nuevo	새로운
Orgulloso	자랑스러운
Picante	매운
Productivo	생산적인
Responsable	책임
Salado	짠
Saludable	건강한
Seco	마른

Agua
워터

Canal	운하
Ducha	샤워
Evaporación	증발
Géiser	간헐천
Helada	서리
Hielo	얼음
Humedad	습기
Huracán	허리케인
Inundación	홍수
Lago	호수
Lluvia	비
Monzón	우기
Nieve	눈
Océano	대양
Olas	파도
Riego	관개
Río	강
Vapor	증기

Ajedrez
체스

Blanco	하얀
Campeón	챔피언
Concurso	대회
Diagonal	대각선
Estrategia	전략
Inteligente	영리한
Juego	게임
Jugador	플레이어
Negro	블랙
Oponente	상대
Pasivo	수동태
Reglas	규칙
Reina	퀸
Rey	왕
Sacrificio	희생
Tiempo	시각
Torneo	토너먼트

Antártida
남극

Agua	물
Bahía	만
Científico	과학적
Conservación	보존
Continente	대륙
Expedición	원정
Geografía	지리학
Glaciares	빙하
Hielo	얼음
Investigador	연구원
Islas	섬
Migración	이주
Minerales	탄산수
Nubes	구름
Pájaros	조류
Península	반도
Pingüinos	펭귄
Rocoso	불안정한
Temperatura	온도
Topografía	지형

Arte
아트

Cerámica	세라믹
Complejo	복잡한
Composición	구성
Escultura	조각
Expresión	식
Honesto	정직한
Humor	기분
Inspirado	영감
Original	원본
Personal	개인
Pinturas	회화
Poesía	시
Sencillo	간단한
Símbolo	상징
Surrealismo	초현실주의
Tema	주제
Visual	시각

Artes Visuales
비주얼 아트

Arcilla	점토
Arquitectura	건축학
Artista	예술가
Barniz	바니시
Caballete	화가
Carbón	숯
Cera	밀랍
Cerámica	도기
Composición	구성
Creatividad	창의성
Escultura	조각
Fotografía	사진
Lápiz	연필
Obra Maestra	걸작
Película	필름
Perspectiva	관점
Plantilla	스텐실
Pluma	펜
Retrato	초상화
Tiza	분필

Astronomía
천문학

Asteroide	소행성
Astronauta	우주 비행사
Astrónomo	천문학자
Cielo	하늘
Cohete	로켓
Constelación	별자리
Cosmos	코스모스
Eclipse	식
Equinoccio	춘분
Galaxia	은하
Luna	달
Meteoro	유성
Observatorio	전망대
Planeta	행성
Radiación	방사
Satélite	위성
Supernova	초신성
Telescopio	망원경
Tierra	지구
Universo	우주

Aventura
어드벤처

Actividad	활동
Alegría	기쁨
Amigos	친구
Belleza	아름다움
Destino	목적지
Dificultad	어려움
Entusiasmo	열광
Excursión	소풍
Inusual	특이한
Itinerario	일정
Naturaleza	자연
Navegación	항해
Nuevo	새로운
Oportunidad	기회
Peligroso	위험한
Preparación	준비
Seguridad	안전
Sorprendente	놀라운
Valentía	용감

Aviones
비행기

Aire	공기
Altitud	고도
Altura	키
Aterrizaje	착륙
Atmósfera	분위기
Aventura	모험
Cielo	하늘
Combustible	연료
Construcción	건설
Dirección	방향
Diseño	설계
Globo	풍선
Hélices	프로펠러
Hidrógeno	수소
Historia	역사
Motor	엔진
Pasajero	승객
Piloto	조종사
Tripulación	승무원
Turbulencia	난기류

Baile
댄스

Academia	학원
Alegre	즐거운
Arte	예술
Clásico	고전
Coreografía	안무
Cuerpo	몸
Cultura	문화
Emoción	감정
Ensayo	리허설
Expresivo	나타내는
Gracia	은혜
Movimiento	운동
Música	음악
Postura	자세
Ritmo	리듬
Socio	파트너
Tradicional	전통적
Visual	시각

Ballet
발레

Aplauso	박수
Artístico	예술적
Audiencia	청중
Bailarina	발레리나
Bailarines	댄서
Compositor	작곡가
Coreografía	안무
Ensayo	리허설
Estilo	스타일
Expresivo	나타내는
Gesto	제스처
Intensidad	강렬함
Lecciones	수업
Músculos	근육
Música	음악
Orquesta	오케스트라
Práctica	연습
Ritmo	리듬
Solo	독주
Técnica	기술

Baño
욕실

Agua	물
Alfombra	깔개
Aseo	화장실
Baño	목욕
Burbujas	거품
Champú	샴푸
Ducha	샤워
Espejo	거울
Esponja	스펀지
Grifo	수도꼭지
Jabón	비누
Loción	로션
Perfume	향수
Tijeras	가위
Toalla	수건
Vapor	증기

Barbacoas
바비큐

Almuerzo	점심
Caliente	뜨거운
Cebollas	양파
Cena	저녁 식사
Cuchillos	칼
Ensaladas	샐러드
Familia	가족
Fruta	과일
Hambre	굶주림
Juegos	게임
Música	음악
Niños	어린이
Parrilla	그릴
Pimienta	후추
Pollo	닭
Sal	소금
Salsa	소스
Tomates	토마토
Verano	여름
Verduras	채소

Barcos
보트

Ancla	닻
Balsa	뗏목
Boya	부표
Canoa	카누
Cuerda	밧줄
Ferry	나룻배
Kayak	카약
Lago	호수
Mar	바다
Marea	조류
Marinero	선원
Mástil	돛대
Motor	엔진
Náutico	해상
Océano	대양
Olas	파도
Río	강
Tripulación	승무원
Velero	범선
Yate	요트

Campeonato
챔피언전

Campeonato	챔피언십
Campeón	챔피언
Deportes	스포츠
Entrenador	코치
Equipo	팀
Estrategia	전략
Juegos	게임
Juez	판사
Liga	리그
Medalla	메달
Motivación	동기 부여
Rendimiento	성능
Resistencia	지구력
Torneo	토너먼트
Transpiración	땀
Victoria	승리

Camping
캠핑

Animales	동물
Aventura	모험
Árboles	나무
Bosque	숲
Brújula	나침반
Cabina	캐빈
Canoa	카누
Carpa	텐트
Caza	수렵
Cuerda	밧줄
Equipo	장비
Fuego	불
Hamaca	해먹
Insecto	곤충
Lago	호수
Luna	달
Mapa	지도
Montaña	산
Naturaleza	자연
Sombrero	모자

Casa
하우스

Alfombra	깔개
Ático	애틱
Biblioteca	도서관
Chimenea	난로
Cocina	부엌
Dormitorio	침실
Ducha	샤워
Escoba	비
Espejo	거울
Garaje	차고
Grifo	수도꼭지
Jardín	정원
Lámpara	램프
Pared	벽
Piso	바닥
Puerta	문
Sótano	지하부
Techo	지붕
Valla	울타리
Ventana	창

Castillos
성

Armadura	갑옷
Caballero	기사
Caballo	말
Catapulta	투석기
Corona	왕관
Dinastía	왕조
Dragón	용
Escudo	방패
Espada	검
Feudal	봉건
Fortaleza	요새
Imperio	제국
Noble	고귀한
Palacio	궁전
Pared	벽
Princesa	공주
Príncipe	왕자
Reino	왕국
Torre	탑
Unicornio	일각수

Chocolate
초콜릿

Amargo	쓴
Antioxidante	항산화제
Artesanal	장인
Azúcar	설탕
Cacahuetes	땅콩
Cacao	카카오
Calidad	품질
Calorías	칼로리
Caramelo	캐러멜
Coco	코코넛
Delicioso	맛있는
Dulce	달콤한
Exótico	이국적인
Favorito	좋아하는
Gusto	맛
Ingrediente	성분
Polvo	가루
Receta	레시피

Ciencia
과학

Átomo	원자
Científico	과학자
Clima	기후
Datos	데이터
Evolución	진화
Experimento	실험
Física	물리학
Fósil	화석
Gravedad	중력
Hecho	사실
Hipótesis	가설
Laboratorio	실험실
Método	방법
Minerales	탄산수
Moléculas	분자
Naturaleza	자연
Organismo	유기체
Partículas	입자
Plantas	식물
Químico	화학

Ciencia Ficción
사이언스 픽션

Atómico	원자
Cine	영화
Distante	먼
Escenario	대본
Explosión	폭발
Fantástico	환상적인
Fuego	불
Futurista	미래
Galaxia	은하
Ilusión	환상
Imaginario	상상의
Libros	책
Misterioso	신비한
Mundo	세계
Novelas	소설
Oráculo	오라클
Planeta	행성
Robots	로봇
Tecnología	기술
Utopía	유토피아

Circo
서커스

Acróbata	곡예사
Animales	동물
Billete	표
Caramelo	사탕
Carpa	텐트
Elefante	코끼리
Espectador	구경꾼
Globos	풍선
León	사자
Magia	마법
Mago	마술사
Malabarista	요술쟁이
Mono	원숭이
Música	음악
Tigre	호랑이
Traje	복장
Truco	트릭

Ciudad
타운

Aeropuerto	공항
Banco	은행
Biblioteca	도서관
Cine	영화
Clínica	진료소
Escuela	학교
Estadio	경기장
Farmacia	약국
Florista	플로리스트
Galería	갤러리
Hotel	호텔
Librería	서점
Mercado	시장
Museo	박물관
Panadería	빵집
Supermercado	슈퍼마켓
Teatro	극장
Tienda	가게
Universidad	대학
Zoo	동물원

Clima
날씨

Atmósfera	분위기
Brisa	미풍
Cielo	하늘
Clima	기후
Hielo	얼음
Huracán	허리케인
Inundación	홍수
Monzón	우기
Niebla	안개
Nube	구름
Polar	극선
Rayo	번개
Seco	마른
Sequía	가뭄
Temperatura	온도
Tormenta	폭풍
Tornado	토네이도
Tropical	열대
Trueno	천둥
Viento	바람

Cocina
키친

Comida	음식
Congelador	냉동고
Cucharas	숟가락
Cucharón	국자
Cuchillos	칼
Delantal	앞치마
Especias	향신료
Esponja	스펀지
Horno	오븐
Jarra	주전자
Palillos	젓가락
Parrilla	그릴
Receta	레시피
Refrigerador	냉장고
Servilleta	냅킨
Tarro	항아리
Tazas	컵
Tazón	그릇
Tenedores	포크

Colores
색상

Amarillo	노란색
Azul	블루
Azur	하늘빛
Beige	베이지
Blanco	하얀
Cian	시안
Fucsia	자홍색
Gris	회색
Índigo	남빛
Magenta	마젠타
Marrón	갈색
Naranja	오렌지
Negro	블랙
Púrpura	보라색
Rojo	빨간색
Rosa	분홍
Sepia	세피아
Verde	녹색
Violeta	바이올렛

Comedia
코미디

Actor	배우
Actriz	여배우
Aplauso	박수
Audiencia	청중
Chistes	농담
Diversión	재미
Expresivo	나타내는
Género	장르
Humor	기분
Improvisación	즉흥 연주
Inteligente	영리한
Parodia	패러디
Payasos	광대
Risa	웃음
Teatro	극장
Televisión	텔레비전

Comida #1
식품 #1

Ajo	마늘
Albahaca	바질
Atún	참치
Azúcar	설탕
Canela	계피
Carne	고기
Cebada	보리
Cebolla	양파
Ensalada	샐러드
Espinacas	시금치
Fresa	딸기
Jugo	주스
Leche	우유
Limón	레몬
Menta	민트
Nabo	순무
Pera	배
Sal	소금
Sopa	수프
Zanahoria	당근

Comida #2
식품 #2

Alcachofa	아티초크
Almendra	아몬드
Apio	셀러리
Arroz	쌀
Berenjena	가지
Cereza	체리
Chocolate	초콜릿
Girasol	해바라기
Huevo	계란
Jengibre	생강
Kiwi	키위
Manzana	사과
Pan	빵
Plátano	바나나
Pollo	닭
Queso	치즈
Tomate	토마토
Trigo	밀
Uva	포도
Yogur	요거트

Conduciendo
드라이빙

Accidente	사고
Autobús	버스
Calle	거리
Camión	트럭
Coche	차
Combustible	연료
Frenos	브레이크
Garaje	차고
Gas	가스
Licencia	특허
Mapa	지도
Motocicleta	오토바이
Motor	모터
Peatonal	보행자
Peligro	위험
Policía	경찰
Seguridad	안전
Tráfico	교통
Túnel	터널
Velocidad	속도

Conservación
보존

Agua	물
Ambiental	환경
Cambios	변경
Ciclo	주기
Clima	기후
Contaminación	오염
Ecosistema	생태계
Educación	교육
Hábitat	서식지
Natural	자연스러운
Orgánico	유기농
Pesticida	농약
Salud	건강
Sostenible	지속 가능한
Verde	녹색

Cuerpo Humano
인체

Barbilla	턱
Boca	입
Cabeza	머리
Cara	얼굴
Cerebro	뇌
Codo	팔꿈치
Corazón	심장
Cuello	목
Dedo	손가락
Hombro	어깨
Lengua	혀
Mano	손
Nariz	코
Ojo	눈
Oreja	귀
Piel	피부
Pierna	다리
Rodilla	무릎
Sangre	피
Tobillo	발목

Cumpleaños
생일

Alegre	즐거운
Amigos	친구
Año	년
Calendario	달력
Canción	노래
Celebración	축하
Día	일
Especial	특별한
Feliz	행복한
Invitaciones	초대장
Joven	어린
Nacer	태어난
Partido	파티
Pastel	케이크
Recuerdos	추억
Regalo	선물
Sabiduría	지혜
Tarjetas	카드
Tiempo	시각
Velas	양초

Deportes
스포츠

Atleta	선수
Árbitro	심판
Baloncesto	농구
Béisbol	야구
Bicicleta	자전거
Campeonato	챔피언십
Entrenador	코치
Equipo	팀
Estadio	경기장
Ganador	우승자
Gimnasia	체조
Gimnasio	체육관
Golf	골프
Hockey	하키
Juego	게임
Jugador	플레이어
Movimiento	운동
Tenis	테니스

Dinosaurios
공룡

Alas	날개
Cola	꼬리
Desaparición	소실
Enorme	거대한
Especie	종
Evolución	진화
Fósiles	화석
Grande	큰
Herbívoro	초식 동물
Mamut	매머드
Omnívoro	잡식성
Poderoso	강한
Prehistórico	선사 시대
Presa	먹이
Reptil	파충류
Tamaño	크기
Tierra	지구
Vicioso	악순환

Disciplinas Científicas
과학 분야

Anatomía	해부
Arqueología	고고학
Astronomía	천문학
Biología	생물학
Bioquímica	생화학
Botánica	식물학
Ecología	생태학
Fisiología	생리학
Geología	지질학
Inmunología	면역학
Lingüística	언어학
Mecánica	역학
Meteorología	기상학
Mineralogía	광물학
Neurología	신경학
Psicología	심리학
Química	화학
Sociología	사회학
Termodinámica	열역학
Zoología	동물학

Días y Meses
일 및 월

Agosto	팔월
Año	년
Calendario	달력
Domingo	일요일
Jueves	목요일
Julio	칠월
Lunes	월요일
Martes	화요일
Marzo	행진
Mes	월
Miércoles	수요일
Noviembre	십일월
Octubre	십월
Sábado	토요일
Semana	주
Septiembre	구월
Viernes	금요일

Ecología
생태학

Clima	기후
Comunidades	커뮤니티
Diversidad	다양성
Especie	종
Fauna	동물군
Flora	플로라
Global	글로벌
Hábitat	서식지
Marino	선박
Montañas	산
Natural	자연스러운
Naturaleza	자연
Pantano	습지
Plantas	식물
Recursos	자원
Sequía	가뭄
Sostenible	지속 가능한
Supervivencia	생존
Variedad	종류
Vegetación	초목

Edificios
건물

Albergue	호스텔
Apartamento	아파트
Castillo	성
Cine	영화
Embajada	대사관
Escuela	학교
Estadio	경기장
Fábrica	공장
Garaje	차고
Granero	헛간
Granja	농장
Hospital	병원
Hotel	호텔
Laboratorio	실험실
Museo	박물관
Observatorio	전망대
Supermercado	슈퍼마켓
Teatro	극장
Torre	탑
Universidad	대학

Escalada
등산

Altitud	고도
Atmósfera	분위기
Botas	부츠
Casco	헬멧
Cueva	동굴
Curiosidad	호기심
Estabilidad	안정성
Estrecho	좁은
Experto	전문가
Formación	훈련
Fuerza	힘
Guantes	장갑
Guías	가이드
Lesión	부상
Mapa	지도
Senderismo	하이킹
Terreno	지형

Escuela #1
학교 #1

Alfabeto	알파벳
Almuerzo	점심
Amigos	친구
Aula	교실
Biblioteca	도서관
Carpetas	폴더
Diversión	재미
Escritorio	책상
Examen	퀴즈
Exámenes	시험
Lápiz	연필
Libros	책
Marcadores	마커
Matemática	수학
Números	숫자
Papel	종이
Plumas	펜
Profesor	선생님
Respuestas	답변
Silla	의자

Escuela #2
학교 #2

Amigos	친구
Autobús	버스
Biblioteca	도서관
Borrador	지우개
Calendario	달력
Ciencia	과학
Diccionario	사전
Educación	교육
Gramática	문법
Juegos	게임
Lápiz	연필
Lectura	독서
Libros	책
Literatura	문학
Matemática	수학
Mochila	배낭
Ordenador	컴퓨터
Papel	종이
Ropa	옷
Tijeras	가위

Especias
향신료

Ajo	마늘
Amargo	쓴
Anís	아니스
Azafrán	사프란
Canela	계피
Cardamomo	카르다몸
Cebolla	양파
Clavo	정향
Comino	커민
Curry	카레
Dulce	달콤한
Hinojo	회향
Jengibre	생강
Nuez Moscada	육두구
Pimentón	파프리카
Pimienta	후추
Regaliz	감초
Sabor	맛
Sal	소금
Vainilla	바닐라

Exploración
탐사

Actividad	활동
Agotamiento	피로
Animales	동물
Coraje	용기
Culturas	문화
Descubrimiento	발견
Determinación	결정
Distante	먼
Emoción	흥분
Espacio	우주
Idioma	언어
Nuevo	새로운
Peligroso	위험한
Salvaje	야생
Terreno	지형
Viaje	여행

Familia
패밀리

Abuela	할머니
Abuelo	할아버지
Antepasado	선조
Esposa	아내
Hermana	자매
Hermano	형
Hija	딸
Infancia	어린 시절
Madre	어머니
Marido	남편
Materno	모성
Nieto	손자
Niño	아이
Niños	어린이
Padre	아버지
Primo	사촌
Sobrina	조카딸
Sobrino	조카
Tía	이모
Tío	삼촌

Flores
꽃

Amapola	양귀비
Caléndula	금송화
Diente de León	민들레
Gardenia	치자
Girasol	해바라기
Hibisco	히비스커스
Jazmín	재스민
Lavanda	라벤더
Lila	라일락
Lirio	백합
Magnolia	목련
Margarita	데이지
Narciso	수선화
Orquídea	난초
Peonía	모란
Pétalo	꽃잎
Ramo	꽃다발
Rosa	장미
Trébol	클로버
Tulipán	튤립

Formas
셰이프

Arco	호
Bordes	가장자리
Cilindro	실린더
Círculo	원
Cono	원뿔
Cuadrado	정사각형
Cubo	입방체
Curva	곡선
Elipse	타원
Esfera	구체
Esquina	모서리
Hipérbola	쌍곡선
Lado	측면
Línea	선
Oval	타원형
Pirámide	피라미드
Polígono	다각형
Prisma	프리즘
Rectángulo	직사각형
Triángulo	삼각형

Fruta
과일

Aguacate	아보카도
Albaricoque	살구
Baya	베리
Cereza	체리
Coco	코코넛
Frambuesa	라즈베리
Guayaba	구아바
Kiwi	키위
Limón	레몬
Mango	망고
Manzana	사과
Melocotón	복숭아
Melón	멜론
Naranja	오렌지
Nectarina	천도 복숭아
Papaya	파파야
Pera	배
Piña	파인애플
Plátano	바나나
Uva	포도

Geografía
지리학

Altitud	고도
Atlas	아틀라스
Ciudad	도시
Continente	대륙
Hemisferio	반구
Isla	섬
Latitud	위도
Longitud	경도
Mapa	지도
Mar	바다
Meridiano	자오선
Montaña	산
Mundo	세계
Norte	북쪽
Oeste	서쪽
País	국가
Región	지역
Río	강
Sur	남쪽
Territorio	영토

Geología
지질학

Ácido	산
Calcio	칼슘
Capa	층
Caverna	동굴
Continente	대륙
Coral	산호
Cristales	크리스탈
Cuarzo	석영
Erosión	부식
Estalactita	종유석
Estalagmitas	석순
Fósil	화석
Géiser	간헐천
Lava	용암
Meseta	고원
Minerales	탄산수
Piedra	돌
Sal	소금
Terremoto	지진
Volcán	화산

Granja #1
농장 #1

Abeja	벌
Agricultura	농업
Agua	물
Arroz	쌀
Burro	당나귀
Caballo	말
Cabra	염소
Campo	들
Cuervo	까마귀
Fertilizante	비료
Gato	고양이
Heno	건초
Miel	꿀
Perro	개
Pollo	닭
Semillas	씨앗
Ternero	송아지
Tierra	땅
Vaca	소
Valla	울타리

Granja #2
농장 #2

Agricultor	농부
Animales	동물
Cebada	보리
Colmena	벌집
Comida	음식
Cordero	양고기
Fruta	과일
Granero	헛간
Huerto	과수원
Leche	우유
Llama	라마
Maíz	옥수수
Oveja	양
Pastor	목자
Pato	오리
Prado	목초지
Riego	관개
Tractor	트랙터
Trigo	밀
Vegetal	야채

Herboristería
약초학

Ajo	마늘
Albahaca	바질
Aromático	방향족
Azafrán	사프란
Calidad	품질
Culinario	요리
Eneldo	딜
Estragón	타라곤
Flor	꽃
Hinojo	회향
Ingrediente	성분
Jardín	정원
Lavanda	라벤더
Mejorana	마조람
Menta	민트
Perejil	파슬리
Planta	식물
Romero	로즈마리
Sabor	맛
Verde	녹색

Herramientas
도구

Alicates	펜치
Antorcha	토치
Cable	케이블
Cuchillo	칼
Cuerda	밧줄
Escalera	사다리
Grapa	스테이플
Grapadora	호치키스
Hacha	도끼
Martillo	망치
Navaja	면도기
Pala	삽
Pegamento	접착제
Rueda	휠
Tijeras	가위
Tornillo	나사

Insectos
곤충

Abeja	벌
Avispa	말벌
Áfido	진딧물
Cigarra	매미
Cucaracha	바퀴벌레
Escarabajo	딱정벌레
Gusano	벌레
Hormiga	개미
Larva	유충
Libélula	잠자리
Mantis	사마귀
Mariposa	나비
Mariquita	무당벌레
Mosquito	모기
Polilla	나방
Pulga	벼룩
Saltamontes	메뚜기
Termita	흰개미

Instrumentos Musicales
악기

Armónica	하모니카
Arpa	하프
Banjo	밴조
Clarinete	클라리넷
Fagot	바순
Flauta	플루트
Gong	징
Guitarra	기타
Mandolina	만돌린
Marimba	마림바
Oboe	오보에
Pandereta	탬버린
Percusión	타악기
Piano	피아노
Saxofón	색소폰
Tambor	북
Trombón	트롬본
Trompeta	트럼펫
Violín	바이올린
Violonchelo	첼로

Jardín
가든

Arbusto	부시
Árbol	나무
Banco	벤치
Estanque	연못
Flor	꽃
Garaje	차고
Hamaca	해먹
Hierba	잔디
Huerto	과수원
Jardín	정원
Malezas	잡초
Manguera	호스
Pala	삽
Porche	현관
Rastrillo	갈퀴
Rocas	바위
Suelo	토양
Terraza	테라스
Trampolín	트램폴린
Valla	울타리

Juguetes
장난감

Ajedrez	체스
Arcilla	점토
Artesanía	공예
Avión	비행기
Barco	배
Bicicleta	자전거
Bola	공
Camión	트럭
Coche	차
Cometa	연
Favorito	좋아하는
Imaginación	상상력
Juegos	게임
Libros	책
Muñeca	인형
Robot	로봇
Rompecabezas	퍼즐
Tambores	드럼
Tren	기차

Libros
도서

Autor	저자
Aventura	모험
Colección	수집
Contexto	문맥
Dualidad	이중성
Epopeya	서사시
Escrito	서면
Historia	이야기
Histórico	역사적인
Humorístico	재미있는
Inventivo	발명
Lector	리더
Literario	문학
Narrador	내레이터
Novela	소설
Página	페이지
Pertinente	관련
Poema	시
Serie	시리즈
Trágico	비참한

Literatura
문학

Analogía	유추
Análisis	분석
Anécdota	일화
Autor	저자
Biografía	전기
Comparación	비교
Conclusión	결론
Descripción	설명
Diálogo	대화
Estilo	스타일
Metáfora	은유
Narrador	내레이터
Novela	소설
Opinión	의견
Poema	시
Poético	시적
Rima	운
Ritmo	리듬
Tema	주제
Tragedia	비극

Mamíferos
포유류

Ballena	고래
Burro	당나귀
Caballo	말
Camello	낙타
Canguro	캥거루
Cebra	얼룩말
Conejo	토끼
Coyote	코요테
Delfín	돌고래
Elefante	코끼리
Gato	고양이
Gorila	고릴라
Jirafa	기린
Lobo	늑대
Mono	원숭이
Oso	곰
Oveja	양
Perro	개
Toro	황소
Zorro	여우

Mascotas
애완동물

Agua	물
Cabra	염소
Cachorro	강아지
Cola	꼬리
Collar	칼라
Comida	음식
Conejo	토끼
Garras	발톱
Gato	고양이
Hámster	햄스터
Lagarto	도마뱀
Loro	앵무새
Patas	발
Perro	개
Pescado	물고기
Ratón	쥐
Tortuga	거북이
Vaca	소
Veterinario	수의사

Matemáticas
수학

Aritmética	산수
Ángulos	각도
Circunferencia	둘레
Cuadrado	정사각형
Decimal	십진수
Diámetro	지름
Ecuación	방정식
Esfera	구체
Exponente	몇지수
Fracción	분수
Geometría	기하학
Paralelo	평행
Paralelogramo	평행사변형
Perpendicular	수직
Polígono	다각형
Radio	반지름
Rectángulo	직사각형
Simetría	대칭
Triángulo	삼각형
Volumen	음량

Mediciones
측정값

Altura	키
Ancho	너비
Byte	바이트
Centímetro	센티미터
Decimal	십진수
Grado	정도
Gramo	그램
Kilogramo	킬로그램
Kilómetro	킬로미터
Litro	리터
Longitud	길이
Masa	질량
Metro	미터
Minuto	분
Onza	온스
Peso	무게
Profundidad	깊이
Pulgada	인치
Tonelada	톤
Volumen	음량

Meditación
명상

Aceptación	수락
Atención	주의
Bondad	친절
Claridad	선명도
Compasión	연민
Emociones	감정
Felicidad	행복
Gratitud	감사
Mental	정신
Mente	마음
Movimiento	운동
Música	음악
Naturaleza	자연
Observación	관찰
Paz	평화
Pensamientos	생각
Perspectiva	관점
Postura	자세
Respiración	호흡
Silencio	침묵

Mitología
신화

Arquetipo	원형
Celos	질투
Cielo	천국
Comportamiento	행동
Creación	창조
Creencias	신념
Criatura	생물
Cultura	문화
Deidades	신
Desastre	재해
Fuerza	힘
Guerrero	전사
Héroe	영웅
Inmortalidad	불사
Laberinto	미궁
Leyenda	전설
Monstruo	괴물
Rayo	번개
Trueno	천둥
Venganza	복수

Mueble
가구

Alfombra	깔개
Almohada	베개
Banco	벤치
Cama	침대
Cojines	쿠션
Colchón	매트리스
Cortinas	커튼
Escritorio	책상
Espejo	거울
Estantería	책장
Estantes	선반
Futón	이불
Hamaca	해먹
Lámpara	램프
Silla	의자
Sillón	안락의자
Sofá	소파

Naturaleza
네이처

Abejas	꿀벌
Acantilados	절벽
Animales	동물
Ártico	북극
Belleza	아름다움
Bosque	숲
Desierto	사막
Dinámico	동적
Erosión	부식
Follaje	잎
Glaciar	빙하
Montañas	산
Niebla	안개
Nubes	구름
Pacífico	평화로운
Río	강
Salvaje	야생
Santuario	성역
Sereno	고요한
Tropical	열대

Nutrición
영양

Amargo	쓴
Apetito	식욕
Calidad	품질
Calorías	칼로리
Carbohidratos	탄수화물
Cereales	시리얼
Comestible	식용
Dieta	다이어트
Digestión	소화
Equilibrado	균형 잡힌
Fermentación	발효
Nutriente	영양소
Peso	무게
Proteínas	단백질
Sabor	맛
Salsa	소스
Salud	건강
Saludable	건강한
Toxina	독소
Vitamina	비타민

Números
숫자

Catorce	십사
Cero	영
Cinco	다섯
Cuatro	포
Decimal	십진수
Diecinueve	열아홉
Dieciocho	십팔
Dieciséis	식스틴
Diecisiete	열일곱
Diez	십
Doce	열두
Dos	두
Nueve	아홉
Ocho	여덟
Quince	열 다섯
Seis	여섯
Siete	일곱
Trece	열셋
Tres	삼
Veinte	스물

Océano
바다

Alga	조류
Anguila	장어
Arrecife	암초
Atún	참치
Ballena	고래
Barco	배
Camarón	새우
Cangrejo	게
Coral	산호
Delfín	돌고래
Esponja	스펀지
Mareas	조수
Medusa	해파리
Ostra	굴
Pescado	물고기
Pulpo	문어
Sal	소금
Tiburón	상어
Tormenta	폭풍
Tortuga	거북이

Paisajes
풍경

Cascada	폭포
Cueva	동굴
Desierto	사막
Estuario	하구
Géiser	간헐천
Glaciar	빙하
Iceberg	빙산
Isla	섬
Lago	호수
Laguna	라군
Mar	바다
Montaña	산
Oasis	오아시스
Pantano	늪
Península	반도
Playa	해변
Río	강
Tundra	동토대
Valle	골짜기
Volcán	화산

Países #2
국가 #2

Albania	알바니아
Australia	호주
Austria	오스트리아
Dinamarca	덴마크
Etiopía	에티오피아
Francia	프랑스
Grecia	그리스
Indonesia	인도네시아
Irlanda	아일랜드
Jamaica	자메이카
Japón	일본
Laos	라오스
México	멕시코
Pakistán	파키스탄
Portugal	포르투갈
Rusia	러시아
Siria	시리아
Sudán	수단
Ucrania	우크라이나
Uganda	우간다

Pájaros
새들

Avestruz	타조
Águila	독수리
Cigüeña	황새
Cisne	백조
Cuco	뻐꾸기
Cuervo	까마귀
Flamenco	플라밍고
Ganso	거위
Garza	헤론
Gaviota	갈매기
Gorrión	참새
Halcón	매
Huevo	계란
Loro	앵무새
Paloma	비둘기
Pato	오리
Pelícano	펠리컨
Pingüino	펭귄
Pollo	닭
Tucán	부리새

Pesca
낚시

Agua	물
Aletas	지느러미
Barco	배
Branquias	아가미
Cable	철사
Cebo	미끼
Cesta	바구니
Equipo	장비
Exageración	과장
Gancho	훅
Lago	호수
Mandíbula	턱
Océano	대양
Paciencia	인내
Peso	무게
Playa	해변
Río	강
Temporada	계절

Piratas
해적

Ancla	닻
Aventura	모험
Bandera	깃발
Brújula	나침반
Capitán	선장
Cicatriz	흉터
Cueva	동굴
Espada	검
Isla	섬
Leyenda	전설
Loro	앵무새
Malo	나쁜
Mapa	지도
Monedas	동전
Oro	금
Peligro	위험
Playa	해변
Ron	럼
Tesoro	보물
Tripulación	승무원

Plantas
식물

Arbusto	부시
Árbol	나무
Bambú	대나무
Baya	베리
Bosque	숲
Botánica	식물학
Cactus	선인장
Fertilizante	비료
Flor	꽃
Flora	플로라
Follaje	잎
Frijol	콩
Hiedra	아이비
Hierba	잔디
Jardín	정원
Musgo	이끼
Pétalo	꽃잎
Raíz	뿌리
Sol	태양
Vegetación	초목

Playa
바닷가

Arena	모래
Arrecife	암초
Azul	블루
Barco	배
Cangrejo	게
Costa	해안
Isla	섬
Laguna	라군
Mar	바다
Océano	대양
Paraguas	우산
Sandalias	샌들
Sol	태양
Toalla	수건
Vacaciones	휴가
Velero	범선

Profesiones #1
직업 #1

Abogado	변호사
Astrónomo	천문학자
Atleta	선수
Bailarín	댄서
Banquero	은행가
Bombero	소방관
Cartógrafo	지도 제작자
Cazador	사냥꾼
Doctor	의사
Editor	편집자
Embajador	대사
Enfermera	간호사
Entrenador	코치
Fontanero	배관공
Geólogo	지질학자
Joyero	보석상
Músico	음악가
Pianista	피아니스트
Psicólogo	심리학자
Veterinario	수의사

Profesiones #2
직업 #2

Astronauta	우주 비행사
Bibliotecario	사서
Biólogo	생물학자
Cirujano	외과 의사
Dentista	치과 의사
Detective	형사
Filósofo	철학자
Fotógrafo	사진 작가
Ilustrador	일러스트레이터
Ingeniero	엔지니어
Inventor	발명자
Investigador	연구원
Jardinero	정원사
Lingüista	언어학자
Médico	의사
Periodista	기자
Piloto	조종사
Pintor	화가
Profesor	선생님
Zoólogo	동물학자

Rellenar
채우기

Bandeja	쟁반
Barril	통
Bolsa	가방
Bolsillo	포켓
Botella	병
Caja	상자
Cajón	서랍
Carpeta	폴더
Cartón	판지
Cesta	바구니
Cubo	버킷
Cuenca	분지
Jarrón	꽃병
Maleta	여행 가방
Paquete	패킷
Sobre	봉투
Tarro	항아리
Tubo	튜브

Restaurante #1
레스토랑 #1

Alergia	알레르기
Café	커피
Camarera	웨이트리스
Carne	고기
Cocina	부엌
Comida	음식
Cuchillo	칼
Ingredientes	재료
Menú	메뉴
Pan	빵
Picante	매운
Pollo	닭
Postre	디저트
Reserva	예약
Salsa	소스
Servilleta	냅킨
Tazón	그릇

Restaurante #2
레스토랑 #2

Agua	물
Almuerzo	점심
Aperitivo	전채
Bebida	음료
Camarero	웨이터
Cena	저녁 식사
Cuchara	숟가락
Delicioso	맛있는
Ensalada	샐러드
Especias	향신료
Fideos	국수
Fruta	과일
Hielo	얼음
Pastel	케이크
Pescado	물고기
Sal	소금
Silla	의자
Sopa	수프
Tenedor	포크
Verduras	채소

Ropa
의류

Abrigo	코트
Blusa	블라우스
Bufanda	스카프
Camisa	셔츠
Chaqueta	재킷
Cinturón	벨트
Collar	목걸이
Delantal	앞치마
Falda	치마
Guantes	장갑
Joyas	보석류
Moda	패션
Pantalones	바지
Pijama	잠옷
Pulsera	팔찌
Sandalias	샌들
Sombrero	모자
Suéter	스웨터
Vestido	드레스
Zapato	구두

Selva Tropical
열대 우림

Anfibios	양서류
Botánico	식물
Clima	기후
Comunidad	커뮤니티
Diversidad	다양성
Especie	종
Insectos	곤충
Mamíferos	포유류
Musgo	이끼
Naturaleza	자연
Nubes	구름
Pájaros	조류
Preservación	보존
Refugio	피난
Respeto	존중
Restauración	복구
Selva	밀림
Supervivencia	생존
Valioso	귀중한

Senderismo
하이킹

Acantilado	낭떠러지
Agua	물
Animales	동물
Botas	부츠
Camping	캠핑
Cansado	피곤한
Clima	기후
Cumbre	서밋
Guías	가이드
Mapa	지도
Montaña	산
Mosquitos	모기
Naturaleza	자연
Orientación	정위
Parques	공원
Pesado	무거운
Piedras	돌
Preparación	준비
Salvaje	야생
Sol	태양

Suministros de Arte
미술 용품

Aceite	기름
Acrílico	아크릴
Acuarelas	수채화
Agua	물
Arcilla	점토
Borrador	지우개
Caballete	화가
Carbón	숯
Cámara	카메라
Cepillos	브러쉬
Colores	색상
Creatividad	창의성
Ideas	아이디어
Lápices	연필
Mesa	표
Papel	종이
Pasteles	파스텔
Pegamento	접착제
Silla	의자
Tinta	잉크

Surf
서핑

Arrecife	암초
Atleta	선수
Campeón	챔피언
Clima	날씨
Diversión	재미
Espuma	거품
Estilo	스타일
Estómago	위
Fuerza	힘
Multitudes	군중
Océano	대양
Ola	파도
Playa	해변
Popular	인기있는
Principiante	초보자
Rociar	스프레이
Velocidad	속도

Tecnología
기술

Archivo	파일
Blog	블로그
Bytes	바이트
Cámara	카메라
Cursor	커서
Datos	데이터
Digital	디지털
Estadísticas	통계
Fuente	글꼴
Internet	인터넷
Investigación	연구
Mensaje	메시지
Navegador	브라우저
Ordenador	컴퓨터
Pantalla	화면
Seguridad	보안
Software	소프트웨어
Virtual	가상
Virus	바이러스

Tiempo
시간

Ahora	지금
Antes	전에
Anual	연간
Año	년
Ayer	어제
Calendario	달력
Década	십년
Día	일
Futuro	미래
Hora	시간
Hoy	오늘
Mañana	아침
Mediodía	정오
Mes	월
Minuto	분
Momento	순간
Noche	밤
Reloj	시계
Semana	주
Siglo	세기

Tipos de Cabello
헤어 타입

Blanco	하얀
Brillante	빛나는
Calvo	대머리
Corto	짧은
Delgada	얇은
Gris	회색
Grueso	두꺼운
Largo	긴
Marrón	갈색
Negro	블랙
Plata	은
Rizado	곱슬
Rubio	금발
Saludable	건강한
Seco	마른
Suave	부드러운
Trenzado	끈
Trenzas	머리띠

Vacaciones #1
휴가 #1

Aduana	세관
Avión	비행기
Billete	표
Coche	차
Expedición	원정
Itinerario	일정
Lago	호수
Maleta	여행 가방
Mochila	배낭
Moneda	통화
Museo	박물관
Paraguas	우산
Relajación	휴식
Salida	출발
Tranvía	시가 전차
Turista	관광객

Vacaciones #2
휴가 #2

Aeropuerto	공항
Carpa	텐트
Destino	목적지
Extranjero	외국인
Fotos	사진
Hotel	호텔
Isla	섬
Mapa	지도
Mar	바다
Ocio	여가
Pasaporte	여권
Playa	해변
Reservas	전세
Restaurante	식당
Taxi	택시
Transporte	교통
Tren	기차
Vacaciones	휴일
Viaje	여행
Visa	비자

Vehículos
차량

Ambulancia	구급차
Autobús	버스
Avión	비행기
Balsa	뗏목
Barco	배
Bicicleta	자전거
Camión	트럭
Caravana	캐러밴
Coche	차
Cohete	로켓
Ferry	나룻배
Furgoneta	반
Helicóptero	헬리콥터
Metro	지하철
Motor	모터
Neumáticos	타이어
Submarino	잠수함
Taxi	택시
Tractor	트랙터
Tren	기차

Verano
여름

Alegría	기쁨
Amigos	친구
Buceo	다이빙
Camping	캠핑
Comida	음식
Estrellas	별
Familia	가족
Hogar	집
Jardín	정원
Juegos	게임
Libros	책
Mar	바다
Música	음악
Ocio	여가
Playa	해변
Recuerdos	추억
Relajación	휴식
Sandalias	샌들
Vacaciones	휴가
Viaje	여행

Verduras
야채

Ajo	마늘
Alcachofa	아티초크
Apio	셀러리
Berenjena	가지
Brócoli	브로콜리
Calabaza	호박
Cebolla	양파
Ensalada	샐러드
Espinacas	시금치
Guisante	완두콩
Jengibre	생강
Nabo	순무
Oliva	올리브
Patata	감자
Pepino	오이
Perejil	파슬리
Rábano	무
Seta	버섯
Tomate	토마토
Zanahoria	당근

Enhorabuena

Lo has conseguido!

Esperamos que hayas disfrutado de este libro tanto como nosotros al diseñarlo. Nos esforzamos por crear libros de la máxima calidad posible.
Esta edición está diseñada para proporcionar un aprendizaje inteligente, de calidad y divertido!

¿Te ha gustado este libro?

Una Petición Sencilla

Estos libros existen gracias a las reseñas que se publican.
¿Podrías ayudarnos dejando una reseña ahora?
Aquí tienes un breve enlace a la página de reseñas

BestBooksActivity.com/Opiniones50

¡DESAFÍO FINAL!

Reto n°1

¿Estás listo para tu juego gratis? Los utilizamos siempre, pero no son tan fáciles de encontrar. ¡Aquí están los **Sinónimos!**

Escribe 5 palabras que hayas encontrado en los rompecabezas (#21, #36, #76) y trata de encontrar 2 sinónimos para cada palabra.

Escriba 5 palabras del *Puzzle 21*

Palabras	Sinónimo 1	Sinónimo 2

Escriba 5 palabras del *Puzzle 36*

Palabras	Sinónimo 1	Sinónimo 2

Escriba 5 palabras del *Puzzle 76*

Palabras	Sinónimo 1	Sinónimo 2

Reto n°2

Ahora que te has calentado, escribe 5 palabras que hayas encontrado en los Puzzles 9, 17 y 25 e intenta encontrar 2 antónimos para cada palabra. ¿Cuántos puedes encontrar en 20 minutos?

Escriba 5 palabras del **Puzzle 9**

Palabras	Antónimo 1	Antónimo 2

Escriba 5 palabras del **Puzzle 17**

Palabras	Antónimo 1	Antónimo 2

Escriba 5 palabras del **Puzzle 25**

Palabras	Antónimo 1	Antónimo 2

Reto n°3

¡Genial! Este desafío final no es nada para ti.

¿Preparado para el reto final? Elige 10 palabras que hayas descubierto en los diferentes rompecabezas y escríbelas a continuación.

1.	6.
2.	7.
3.	8.
4.	9.
5.	10.

Ahora escribe un texto pensando en una persona, un animal o un lugar que te guste.

Puedes usar la última página de este libro como borrador.

Tu Composición:

CUADERNO DE NOTAS :

HASTA PRONTO !

Todo el Equipo

DESCUBRA JUEGOS GRATIS

GO

↓

BESTACTIVITYBOOKS.COM/FREEGAMES